増補改訂版

家庭用ミシンで作る
帆布のバッグ

赤峰清香
SAYAKA AKAMINE

>> CONTENTS

ベーシックトートバッグ

01
ベーシック
トートバッグS
photo page / how to page
4 / 8

02
ベーシック
トートバッグM
5 / 8・62

03
たて長
トートバッグM
6 / 64

04
たて長
トートバッグL
7 / 64

丸底バッグ

05
バケツトート
M・L
14 / 66

06
バケツトートS
16 / 68

ショルダーバッグ

07
2WAYバッグ
18 / 70

08
バケツ
ショルダー
20 / 72

09
スモール
ショルダー
22 / 24

10
ビッグ
ショルダー
23 / 24・74

この本に関するご質問は、お電話またはWebで
書名/増補改訂版　家庭用ミシンで作る帆布のバッグ
本のコード／NV70494
担当／寺島
Tel:03-3383-0640【平日13：00～17：00受付】

Webサイト「日本ヴォーグ社の本」http://book.nihonvogue.co.jp
※サイト内「お問い合わせ」からお入りください。(終日受付)
※Webでのお問い合わせはパソコン専用となります。
※本誌に掲載の作品を、複製し販売（店頭、ネットオークション、バザーなど）
することは禁止されています。
個人で手づくりを楽しむためにのみご利用ください。

帆布のこもの

11 カードケース 30/75

12 ペンケース 31/76

13 ショッパーバッグ 32/80

14 ボートポーチ 33/78

15 A4サイズバッグ 34/80

16 ぺたんこショルダー 36/77

17 バイアスバッグ 37/102

18 マリンバッグ 38/82

メンズテイストのバッグ

19 リュック 40/84

20 ガーデンバッグ 42/86

21 トラベルトートバッグ 44/8・63

暮らしの中の帆布

22 ボストンバッグ 46/88

23 トラベルバッグ 48/88

24 パニエバッグ 50/90

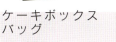
25 ケーキボックスバッグ 51/92

26 エコバッグ 52/94

27 CDボックスバッグ 54/96

28 BOOKボックスバッグ 55/98

29 ランドリーバッグ 56/100

SEWING LESSON
ベーシックトートバッグS　8
スモールショルダー　24

BASIC
帆布バッグの基礎ノート　58
作品の作り方　62

ベーシックトートバッグ
BASIC TOTE BAG

帆布で作る、シンプルで作りやすい定番バッグ。
帆布の扱い方を覚えれば、楽しく作れます。

ベーシックトートバッグS

本体と、持ち手と底を2色で配色した
定番トートバッグ。
家庭用ミシンで縫いやすいよう作り方を工夫し、
写真で詳しく解説しています。
右ページにはMサイズ、
44ページには袋口に巾着をつけた
Lサイズを掲載しています。

size 20.5×23×マチ12cm
how to make lesson p.8

01

ベーシック
トートバッグM

左ページのトートバッグを少し大きくした、通勤通学にもぴったりのA4サイズが入るバッグです。10号帆布と11号帆布を使って同色系で配色しました。
お気に入りの色でいくつも作りたい。

size 30×33×マチ15cm
how to make lesson p.8・62

02

たて長
トートバッグM

ベーシックトートバッグを
使い勝手のよいたて長にして、
袋口にまちとファスナーをつけました。
メリハリのある配色もポイント。
Mサイズはちょっと買い物にも便利な大きさ。

size 30×23×マチ12㎝
how to make p.64

03

たて長
トートバッグL

白と紺がベーシックなバッグは、
1泊位の旅行にもぴったり。
本体は10号帆布、
縫い代の重なる底と持ち手には
11号帆布を使っています。

size 38×26×マチ12㎝
how to make p.64

04

SEWING LESSON

01 ベーシックトートバッグSを作りましょう

帆布のバッグの定番といえるトートバッグ。帆布の縫い方のこつもわかるように詳しく説明してあります。お気に入りの2色を選んでぜひ作ってみてください。
5ページのトートバッグは作り方は同じでサイズ違い、
44ページのトートバッグはバッグ本体の作り方は同じでサイズを変えて、袋口に巾着をつけています。

photo p.4

裁ち方図

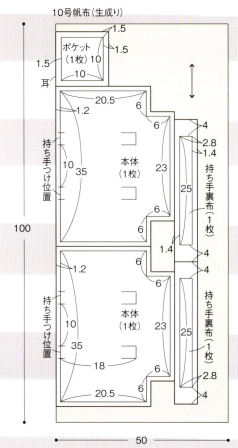

材料

本体・ポケット・持ち手裏布…
10号パラフィン加工帆布生成り
50cm×100cm
底布・持ち手表布…
11号帆布オレンジ　70cm×50cm
2cm幅綾織テープ85cm
両面接着テープ　適宜

でき上がり寸法

20.5×23×マチ12cm

サイズ違い
photo p.5
材料・裁ち方図 p.62

サイズ違い&巾着つき
photo p.44
材料・裁ち方図
巾着の作り方 p.63

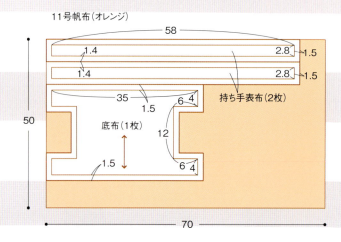

※指定以外の縫い代はすべて1cm
※左の図は本体とポケットに耳を使用する場合

1. 布に線を描いて裁ちます

❶布に線を描きます。裁ち方図を参照し、縫い代つきのパーツを方眼定規とチャコペンを使って直接布に描きます。切る箇所が少なくなるようにパーツ同士をなるべく隣合わせにするとよいでしょう。

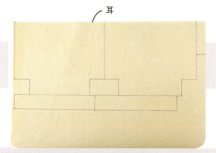

❷線を描きました。この作品では本体とポケットの袋口は、布端の始末のいらない布の耳部分を利用して線を描いています。

★布端の始末のいらない耳部分。　★通常の耳部分。

❸布を裁ちます。布目に沿ってはさみを動かしましょう。

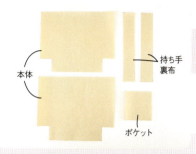

❹布を裁ちました。必要なパーツがあるか確認します。

❺同様に底布と持ち手表布の線を描きます。

2. 本体とポケットの袋口を折り、縫います

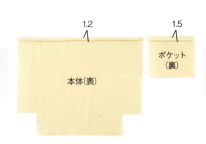

❻布を裁ちます。必要なパーツがあるか確認します。

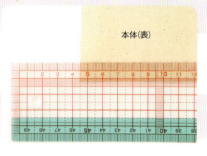

❶本体とポケットの袋口部分の縫い代を折ります。方眼定規で縫い代幅を合わせて布に当てます。

❷へらを使ってでき上がり線に印をつけます。

❸本体は縫い代を表側に折ります。ポケット袋口は同様に縫い代を裏側に折ります。

❹本体、ポケット共マチ針をせずに表から縫います。

★本体袋口の表側に布の耳を使わない場合、本体の縫い代を裏側に折り、同様に縫います。

❺本体袋口を縫います。

❻同様にポケットの袋口も縫います。

3. 本体の底を縫います

❶袋口を縫った本体2枚を外表に合わせて底を縫います。
★帆布は固いのでマチ針はせず、布の端と端を合わせ、ミシンについているガイドに合わせて1cm幅の縫い代で縫います。

❷底の縫い代をへらで両側に開きます（へらの使い方は59ページ参照）。

❸底が縫えました。

4. 持ち手を作り、本体に印を描きます

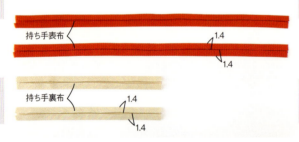
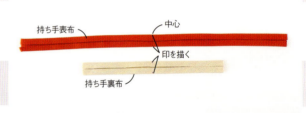

❶持ち手表布と持ち手裏布を各2本ずつ用意します。中心につき合わせて写真のように縫い代を折ります。パラフィン加工などがされている帆布はアイロンを使わず、へらを使ってでき上がり線に印をつけて手で折ります。

❷持ち手表布と持ち手裏布の長さの中心にそれぞれ印を描きます。

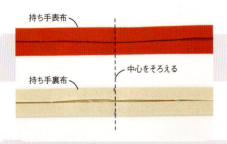

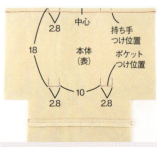

❸持ち手表布と持ち手裏布の中心をそろえます。

❹持ち手表布と持ち手裏布を外表に合わせ、中心から左右に合わせてソーイングクリップでとめます。

❺本体に、持ち手とポケットつけ位置の印を描きます。

5. 本体に持ち手とポケットをつけます

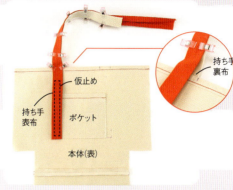

❻ もう一方にも同様に印を描きます。

❼ ポケットつけ位置にポケットを置き、中心を両面接着テープで本体に仮止めします。

❶ 持ち手をつけ位置に合わせて本体におきます。この時、持ち手表布と持ち手裏布で本体をはさむようにします。持ち手はずれないよう、縫い目にかからない中心辺りを両面接着テープで本体に仮止めします。

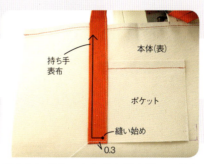

❷ 持ち手の根元をずれないようにソーイングクリップで仮止めします。

❸ 本体にポケットと持ち手を縫いつけます。ソーイングクリップは外しながら縫います。縫う方向は縫いやすい方向で、進めても大丈夫です。

❹ 持ち手を半分位まで縫ったらもう一方も同様につけ位置に合わせて本体をはさみ、続けて縫い始めの位置まで縫います。

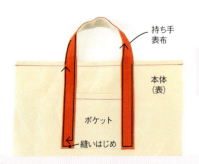
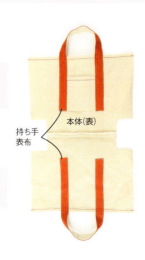

❺ 持ち手とポケットが縫えました。

❻ もう一方も同様にして持ち手を本体に縫います。

SEWING LESSON

6. 本体に底布をつけます

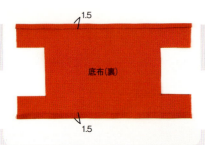

❶底布の上下の縫い代を裏側に折ります。

❷本体に底布を合わせてソーイングクリップでとめます。

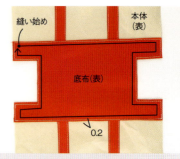

❸本体に底布を続けて縫います。縫い始めと縫い終わりは返し縫いをします。

7. 本体の脇を縫います

❶本体を中表に合わせて脇を縫います。

❷両脇が縫えました。

❸綾織テープを用意します。

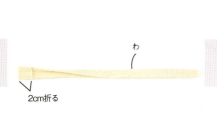

❹綾織テープから24cmの長さを2本カットし、2本共片方の端をそれぞれ2cmずつアイロンで折り、さらに縦に半分に折ります。

❺2cm折った方を袋口に合わせ、本体の脇の縫い代をくるみ、ソーイングクリップでとめます。

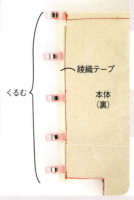

❻端から端まで綾織テープできちんとくるむようにします。

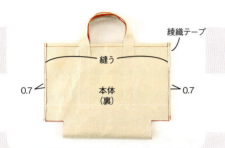
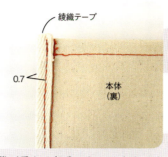
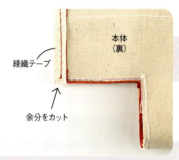

❼綾織テープの上から縫います。

★縫い代が重なる部分はミシンをゆっくり動かしましょう。目打ちなどで布を押さえて送るとよいでしょう。

❽底側の余分な綾織テープはカットします。

8. 本体のマチを縫います

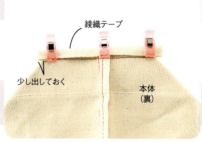

❶本体を底の中心と脇線を合わせてソーイングクリップでとめます。

❷マチを縫います。マチの余分な縫い代をカットします。

❸17cmにカットした綾織テープの端をそれぞれ2cmずつ折り、縫い代をくるみソーイングクリップでとめます。この時端を左右少しずつ長く出しておき、布の厚みが出るのを防ぎます。

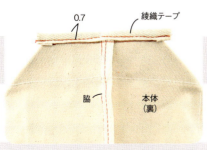

❹綾織テープの上から縫います。

❺マチが縫えました。

❻表に返してでき上がり!

丸底バッグ
BUCKET TOTE

丸い底に本体を縫いつけて作る、丸底バッグ。
かわいい形にたっぷり入る便利なバッグです。
底をきれいにつけるのがポイント。

05

バケツトートM・L

円形の底がかわいいバケツ型トートバッグ。
見た目より作り方はかんたんです。
ネイビーのバッグは先に持ち手と本体に
ハンドステッチを入れてから仕立てました。
しっかりと自立させたいので
8号帆布を使っています。

size （M）30×底直径26cm
　　　（L）35×底直径30cm
how to make p.66

ハンドステッチで自分だけのオリジナルに。

>> BUCKET TOTE

BUCKET TOTE <<

小さいけれど巾着つきのすぐれもの。

バケツトートS

円形の底が愛らしいバケツトートのサイズを
小さくして袋口に巾着をつけました。
中身を上手に隠してくれます。
本体と色を変えた底布がアクセントに。

size 23×底直径20cm
how to make p.68

06

ショルダーバッグ
SHOULDER BAG

普段使いや旅行のお供に大活躍のショルダーバッグ。
ビッグショルダーはメンズにもぴったり。

2WAYバッグ

手提げにも、ショルダーで斜めがけにも使える
2WAYバッグ。くたっとさせたいので、
11号帆布を使って作りました。
外側の大きなポケットも便利です。
シンプルですがリボンやフリンジでアクセントに。

size 31×32×マチ15cm
how to make p.70

07

>> 2WAY BAG

トリコロールのリボンが

ポイント！

バケツショルダー

外側につけたポケットと
袋口の巾着がおしゃれなショルダーバッグ。
本体に8号帆布、パイピングは
こげ茶色の11号帆布でアクセントにしています。
ショルダーの作り方は
26ページからを参考にしてください。

size 32×25×マチ20cm
how to make p.72

>> **BUCKET SHOULDER**

黒にこげ茶色のパイピングでアクセント。
お出かけにも持てる
大人っぽくかわいいバッグに。

スモールショルダー

おでかけや旅行にぴったりのショルダーバッグ。
一眼レフのデジタルカメラも入る大きさです。
麻帆布を使ってどんなお洋服にも合わせやすい
デザインにしました。中袋にはリネンを使って
シンプルながらおしゃれなバッグに。

size 20×24×マチ10㎝
how to make lesson p.24

09

ビッグショルダー

スモールショルダーを大きくしたバッグは
ボーダー柄の帆布を使ってメンズテイストに。
袋口に赤いボーダーの耳部分を使っています。

size 27.5×33×マチ14cm
how to make p.24·74

10

SEWING LESSON

photo p.22

09 スモールショルダーを作りましょう

麻素材の帆布を使ったスモールショルダー。P23のビッグショルダーも基本は同じ作り方です。
袋状に縫った本体に長さ調節のできる本格的なショルダーをつけました。
家庭用ミシンでも縫えるようになるべく厚みを押さえる工夫をして作っています。
ショルダーの作り方も詳しく解説していますので、ぜひ覚えて他の作品にも役立ててください。

裁ち方図

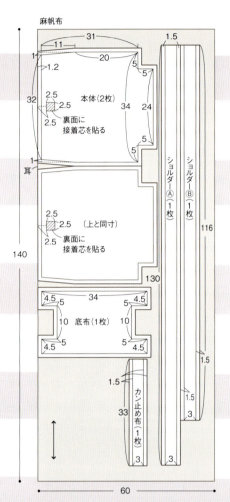

材料
本体・底布・ショルダーⒶⒷ・カン止め布…
麻帆布60cm×140cm
中袋…ストライプリネン80cm×40cm
3cm幅角カン・3cm幅送りカン各1個
直径1.3cmホックボタン一組
接着芯　5×5cm
両面接着テープ　適宜

でき上がり寸法
20×24×マチ10cm

※指定以外の縫い代はすべて1cm
※左の図は本体袋口に耳を使用する場合

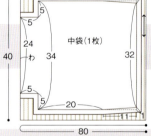

1. 布に線を描いて裁ちます

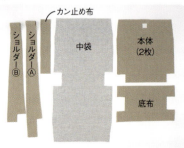

❶裁ち方図を参照し布に線を描き、裁ちます。
★ここでは本体袋口に布端の始末のいらない耳部分を使用しています。

2. 本体袋口を折り、縫います

❶本体の袋口部分の縫い代を折り（折り方は9ページ参照）、マチ針をせずに表から縫います。
★本体袋口に布の耳を使わない場合、縫い代を裏側に折り、同様に縫います。

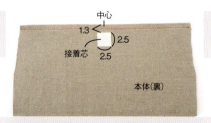

❷本体袋口のホックつけ位置に裏から接着芯を貼ります。

3. 本体の底を縫います

❶袋口を縫った本体2枚を外表に合わせて底を縫います。

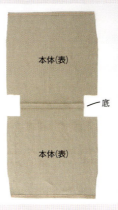
❷底の縫い代をへらで両側に開きます（10ページ参照）。

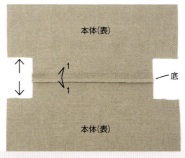
❸底が縫えました。

4. 本体に底布をつけます

❶底布の縫い代を裏側に折ります（折り方は9ページ参照）。

❷本体の表側に底布の裏側を合わせて、ソーイングクリップでとめます。

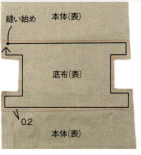
❸本体に底布を続けて縫います。縫い始めと終わりは返し縫いをします。

5. 本体の脇とマチを縫います

❶本体を中表に合わせて脇を縫います。上下をそろえて縫いましょう。

❷両脇の縫い代を開きます。

SEWING LESSON

6. ショルダーを作ります

❸ マチを縫います。
★ 厚みの出る部分を縫う際にはミシンをゆっくり動かし、目打ちなどで布を送りながら縫うとよいでしょう。

❹ マチが縫えました。

❶ カン止め布を作ります。両端を中心につき合わせて折ります。（ ）内はビッグショルダーを作る際の寸法。

❷ 角カンを用意します。

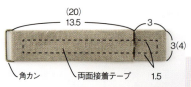

❸ カン止め布に角カンを通して両端を写真のように折り、中心を両面接着テープで仮止めします。
★ 両面接着テープは縫い目にかかると針に接着剤がついて縫いにくくなります。縫い目にかからないように中心部分に貼りましょう。

❹ ショルダーⒶ・Ⓑ2本の両端を折ります。

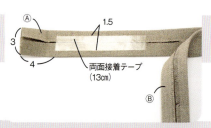

❺ ショルダーⒶにⒷを折り目を合わせるようにしておき、先端部分のみ両面接着テープで縫い合わせ目にかからないように仮止めします。

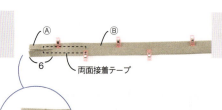

❻ ソーイングクリップでショルダー全体を合わせ、Ⓐの先端を3cm折ります。

❼ もう一方のⒷの先端は2cm内側に折ります。

26

❽⑦の先端部分を両面接着テープで縫い目にかからないように仮止めします。

❾ショルダーをぐるりと縫います。縫い始めと終わりは返し縫いをします。Ⓐ布が表側になるのでⒶ側を見てミシンをかけるとよい。

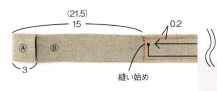  

❿片側の端。

⓫もう一方の端。

⓬送りカンを用意します。

 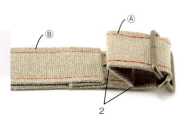 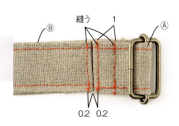

⓭ショルダーの⓫の端に送りカンを通します。

⓮ショルダーⒶの先端を2cm折ります。

⓯3か所縫いとめます。

27

⓰ ❸の角カンにショルダーの⓾の端を通します。

⓱ さらに送りカンに通します。

⓲ ショルダーができました。

7. 本体にショルダーを縫います

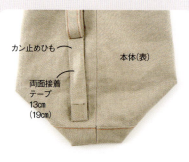

❶ 本体を表に返し脇にショルダーを合わせて中心を両面接着テープで仮止めします。

❷ ショルダーを縫います。

❸ 反対側も本体の脇にカン止めひもを合わせて両面接着テープで仮止めします。

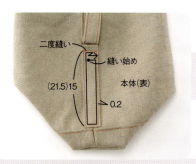

❹ カン止めひもを縫います。

❺ 本体にショルダーがつきました。

8. 中袋を縫います

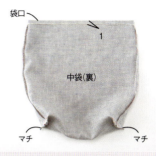

❶ 中袋を中表に合わせて両脇を縫います。

❷ 両脇の縫い代を開き、マチを縫います。

❸ もう一方のマチも同様に縫い、袋口の縫い代を裏側に折ります。

9. 本体と中袋を縫います

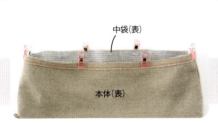

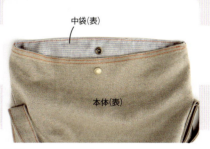

❶ 本体に中袋を外表に合わせ、ソーイングクリップでとめます。

❷ 袋口を縫います。

❸ 袋口にホックボタンをつけます（60ページ参照）。

❹ 袋口を折り、でき上がり！

帆布のこもの
SMALL GOODS

帆布を使って作るこものは、丈夫で使い勝手も○。
こものこそカラフルな色を使って楽しみましょう。

カードケース

ふたつきのカードケースは
丈夫な帆布にぴったりのアイテム。
フラップ部分に違う色を使っています。
スナップボタンをつけると
既製品のような仕上がりに。

size 7×11cm
how to make p.75

11

12

ペンケース

バッグの中にあると便利なペンケース。
丈夫な帆布なら見栄えもよく、
気負わずに使えます。
布の分量も少なくて作れるので
プレゼントにもぴったり。
本体とファスナーの配色を考えるのも
楽しみです。

size 7×20cm
how to make p.76

ショッパーバッグ

ストライプ柄の11号帆布を使って作る
ショッパーバッグ。
何でも気軽に入れられる
大きめサイズが便利です。
持ち手はボーダーの色部分を生かして
作りました。でき上がってから洗濯機で洗って
自然なしわ感を出しています。

size 48×47cm
how to make p.80

14

ボートポーチ

形がボートに似ていることから
名前がついたボートポーチ。
つまんで縫うだけのたっぷりマチが
使いやすく、実用的です。
小ものには思い切って
カラフルな色がぴったり。

size 12.5×11×マチ10㎝
how to make p.78

15

A4サイズバッグ

初心者にも簡単に作れる、
11号帆布のA4サイズバッグ。
サブバッグとして、
また子供用のバッグとしても大活躍します。
カラフルな帆布に左はフェルトでアップリケ、
右は中袋とポケットをつけて
アレンジしました。

size 31×26cm
how to make p.80

>> **A4SIZE BAG**

英文字や子供の好きな図案をステンシルして。

お気に入りの
2色の帆布で
カラフルに！

ぺたんこショルダー

作りやすいぺたんこショルダーは、
お気に入りの色を選んで作りましょう。
袋口につけた革ひもがアクセントに。
ひもの長さは結んで調整できるので、
子ども用のポシェットとしても使えます。

size 24×21cm
how to make p.77

17

バイアスバッグ

切りっぱなしがかわいい
バイアスバッグ。
丈夫な帆布の特徴を生かして、
持ち手も本体もバイアスに裁ち、
裁ち切りのまま仕立てています。
白にmarineの文字を
ステンシルしてさわやかに。

size 35×35×マチ12cm
how to make p.102

さわやかなマリンテイスト。
デニムにもぴったりのデザイン。

MARINE BAG <<

マリンバッグ

白の本体に赤の帆布をミシンでたたいて
ボーダー柄にしたマリンバッグ。
丸底にはネイビーを使って
トリコロールカラーに。配色によって
イメージが変わって楽しめます。

size 35×底直径26cm
how to make p.82

18

メンズテイストのバッグ
MEN'S BAG

人気のメンズテイストのバッグはメンズはもちろん、
女性でもコーディネートのアクセントになります。

19

リュック

巾着型の本体にポケットと肩ひもをつけた、
比較的簡単なリュック。
ネイビーと焦げ茶を合わせてメンズテイストに。

size 45×32×マチ6cm
how to make p.84

>> RUCKSACK

人気のリュックは形もサイズも使いやすいデザインで。

ガーデンバッグ

ガーデニングツールを入れる
バッグからインスピレーションを受けた、
ガーデンバッグ。本体と脇のマチにも
ポケットがついています。
縫いやすさとデザインを考えて、
裏布にはストライプのリネンを組み合わせました。

size 25×30×マチ13cm
how to make p.86

タックを入れた
便利なポケットがいっぱい！
裏布には本体に似合う
お気に入りを選んで。

GARDEN BAG <<

>> TRAVEL TOTEBAG

トラベルトートバッグ

ネイビーにイエローの配色が素敵な
ビッグサイズのトートバッグ。
4ページのトートバッグと基本的な作り方は同じですが、
中身が見えないように袋口に巾着をつけました。
必要な荷物を詰め込んで、
一緒に旅に出かけましょう。

size 35×39×マチ17cm
how to make lesson p.8・63

どんな配色にしようかな？
持つ人に合わせて選べるのが
ハンドメイドの楽しみ！

ボストンバッグ

シンプルなデザインとたっぷり入る形が人気の
ボストン。持ち手は肩からかけることもできます。
多少の水ははじくパラフィン加工の帆布を使えば、
まいにち大活躍です。

size 30.5×41×マチ15cm
how to make p.88

BOSTON BAG <<

両端のタブを本体から外すとまた違った形に。

トラベルバッグ

白、黒、グレーの3色使いのトラベルバッグ。
46ページのボストンバッグと同じ作り方で
サイズを大きくしています。
帆布の大きなバッグをミシンで縫う際には、
縫う箇所以外の部分をできるだけ小さく巻いたり、
たたんで縫うのがおすすめ。

size 41.5×57×マチ20㎝
how to make p.88

23

帆布バッグいろいろ

丈夫で耐久性のある帆布を使って、様々なバッグが作れます。
バッグの部分名称と、この本に掲載したバッグのいろいろをご紹介します。

バッグの部分名称

バッグの種類

この本に登場する主なバッグの種類です。用途に合わせて選んで作ってみましょう。

トートバッグ　　バケツトートバッグ　　エコバッグ　　2WAYバッグ

リュック　　パニエバッグ　　ボストンバッグ　　ガーデンバッグ

暮らしの中の帆布
LIFE WITH CANVAS

毎日の暮らしで使える帆布。雑貨屋さんにあるようなおしゃれなアイテムをご紹介します。

24

パニエバッグ

袋口に向かって大きく広がる形がかわいいパニエバッグ。
本体にはボーダー柄の麻帆布を使っています。
革の持ち手はカシメで簡単につけられます。

size 25×54×マチ12cm
how to make p.90

ケーキボックスバッグ

ケーキの箱がそのまま入るバッグを
イメージして作ったケーキボックスバッグ。
正方形に近い底で、コロンとした形が普段にも
かわいらしく使えます。ハンドメイドのケーキを
お土産に、Happy Birthday!

size 38×30×マチ28cm
how to make p.92

25

26

エコバッグ

お買いものが楽しくなるエコバッグ。
表布と中袋をそれぞれ裁ち、脇とマチと持ち手を縫って
持ち手をバイアステープで始末するだけの
かんたんバッグ。塗りたい部分の際に
マスキングテープを貼り、ボーダー状にペンキで
ペイントしました。仕立てる前に塗るのがポイント。

size 32×39×マチ18cm
how to make p.94

>> ECO BAG

ペイントで自由に柄をアレンジ！
ちょっとずれても味になります。

ＣＤボックスバッグ

CDをかわいらしく収納できるCDボックスバッグ。
自立するようにパラフィン加工をした10号帆布で
マチをたっぷりとって作りました。
持ち手と、袋口にかぶせ布をつければ
このまま隣の部屋や車までかんたんに運べます。

size 15.5×22×マチ13.5㎝
how to make p.96

27

使うお部屋や人に合わせて
色を選ぶと楽しい！

28

BOOKボックスバッグ

本や雑誌を入れたり、おもちゃを入れたり、
リビングで活躍するボックス型バッグ。
2本の持ち手に加えて、マチに引っ掛けるための
ベルトがついています。本体は厚手の8号、
底と裏布は11号帆布を使っています。

size 25×34×マチ24.5cm
how to make p.98

ランドリーバッグ

白の8号帆布にリネンのタグがポイントの
ランドリーバッグ。大きめサイズなので
シーツやブランケットなどをしまったり、
お洗濯ものを入れたりと多目的に使えます。
袋口に巾着のついた本体に、
マジックテープで取り外しできる中袋をつけました。

size 45×38×マチ38cm
how to make p.100

LAUNDRY BAG <<

清潔感のある白に、
スタンプを押した
タグがポイント！

basic 1

帆布バッグの基礎ノート

帆布について

● 帆布の種類

帆布とは木綿糸を使った平織りの布で、厚手で丈夫なため帆やシート、テントなどに使われてきました。織られる糸によって厚みが変わり、号数で種類が分けられます。数が小さいほど厚い帆布になります。現在では手作りの材料としても様々あり、パラフィン加工（ろうびき）をしてはりを持たせた帆布やバイオウォッシュ加工をしてやわらかな風合いを出したものもあります。メーカーによってやや異なりますが、家庭用ミシンで縫うには主に8号・9号・10号・11号の帆布が適しています。表裏には大きな違いはないのできれいな面を使いましょう。

8号帆布

家庭用ミシンで縫える帆布の中では厚い生地で、丈夫です。厚みがあるため縫い代が重なる部分は気をつけて縫いましょう。

10号帆布

家庭用ミシンで十分に縫える厚みです。バッグ本体など用途は広く使えます。

11号帆布

帆布としては薄く家庭用ミシンで十分に縫えます。気軽に使えるバッグや、8〜10号と組み合わせて持ち手などに使うと便利です。

パラフィン加工（ろうびき）をした10号帆布

適度な防水性があり、水をはじきます。はりがあり、自立したバッグが作れます。

バイオウォッシュ加工をした8号帆布

厚手の8号帆布にヴィンテージ加工を施したもの。やわらかく独特の風合いが生まれます。

プリント帆布

柄がプリントされた帆布。柄を効果的に生かして素敵なバッグが作れます。

麻帆布

麻素材の帆布。ナチュラルな雰囲気が魅力。しっかりしていますがしなやかで家庭用ミシンでも縫うことができます。

● 布目について

布の耳から耳（幅）を横地といい、巻いてある方向を縦地といいます。横地より縦地の方が伸びにくい性質があります。また布地を斜め45°の角度に裁つことをバイアスにとるといい、布地の中で一番伸びる性質があります。

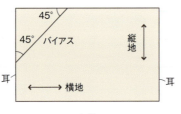

● 耳について

布幅に対して両端を「耳」といいます。通常のふさ耳（右の写真）の他に帆布によっては耳が布端の始末がいらないものがあります。

布端の始末がいらない耳 / 通常の耳

● 印の描き方・布の裁ち方

帆布のバッグ作りでは直線パターンは型紙を作らず、布に直接線を描いて裁ちます。布の取り方によって同じバッグでも必要な布の量が変わることがあります。布の性質を生かしなるべく無駄のないように配置して裁ちましょう。裁つ際には布目に沿ってはさみを滑らすとよいでしょう。

❶ 定規とチャコペンで布に印を描きます。

❷ 無駄なく印を描きました。

❸ はさみで裁ちます。

basic 2
帆布バッグの基礎ノート

> **縫い代**
> この本では特に指定がある場合を除き、縫い代を1cmにしています。なるべく重ならないように両側に開いたり、布の耳を使ったり工夫しましょう。

ワンポイントレッスン

● アイロンについて

帆布に折り線などをつける場合、アイロンではなくへらが便利です。縫った2枚の縫い代を開く場合や縫い代を折る場合にも使えます。

縫い代を両側に開き、へらでしごくようにします。

へらを使ってでき上がり線に印をつけ、縫い代を折ります。

● 綾織テープ

帆布の縫い代の始末には綾織テープを使います。2～3cm幅程度のものを用意し、縫い代をくるんで、始末します。綾織テープは色も様々ありますので、作品に合わせて選びましょう。

❶綾織テープの先を2cm程折ってから半分に折ります。

❷縫い代をくるんで縫います。

● 両面接着テープ

基本的にマチ針を使わない帆布の場合、仮止めには両面接着テープを使うと便利です。

★貼る際には縫い目にかからないように貼り（針に着くと縫いにくくなってしまいます）、でき上がってもはがさずにおきます。

● 帆布の厚み

丈夫な帆布ですが、重なりが多くなると家庭用ミシンで縫うのに注意が必要です。薄手の11号と厚みのある8号帆布で厚みを比べてみましょう。

11号帆布4枚
家庭用ミシンで十分に縫える厚みです。

11号帆布6枚
家庭用ミシンでゆっくり進めて縫える厚みです。

8号帆布4枚
家庭用ミシンでゆっくり進めて縫える厚みです。

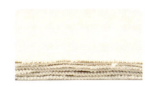

8号帆布6枚
家庭用ミシンだと縫うのがやや大変な厚みですがミシンをゆっくり進め、目打ちを使うなどして縫いましょう。

basic 3
帆布バッグの基礎ノート

留め具のつけ方

● ハトメ

ハトメ座
ハトメの足

❶帆布のつけ位置に印を描き、ハトメ抜きと木槌などを使ってつけ位置に穴をあけます。

❷穴があきました。

❸打ち台とハトメの足を用意します。

❹ゴム板の上に打ち台、ハトメの足、帆布の順に置きます。

❺ハトメの足の上にハトメ座をおきます。

❻打ち具を重ね、木槌で打ちます。

❼ハトメがつきました。

● カシメ

カシメのアタマ

カシメの足

❶帆布のつけ位置に印を描き、穴をあけます。

❷ゴム板の上にカシメの足、帆布、持ち手の順に置きます。

❸カシメのアタマをおきます。

❹打ち具を重ね、木槌で打ちます。

表側 裏側

❺ハトメがつきました。

● ホックボタン

アタマ

バネ

❶上のカシメ同様につけ位置に穴をあけ、アタマと打ち台を用意します。

❷ゴム板の上に打ち台、アタマ、帆布の順に置きます。

❸上にバネを置き打ち具を重ね、木槌で打ちます。

❹ホックボタンのバネ（凹）がつきました（左）。ゲンコ（凸）も同様につけます。

basic 4
帆布バッグの基礎ノート

帆布バッグ作りに使う用具

ミシン
直線縫いとジグザグミシンができるミシンであれば大丈夫です。押さえ金は厚地用のものがあれば便利です。

ミシン糸
厚みのある帆布に合わせて30番の糸を使います。布の色に合わせたり、アクセントになるように色を変えてもいいでしょう。

ミシン針
帆布は通常のコットンより厚みがあるため、厚地用の14号を使用します。

はさみ
布用と糸切りや細かい部分用のものがあるとよいでしょう。

ソーイングクリップ
帆布のソーイングの仮止めにはマチ針でなくソーイングクリップを使いましょう。

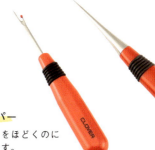

定規
チャコペンで印を描いたり、へらで印を描くのにも使います。平行なラインが入った方眼定規が便利です。

目打ち
細かい部分を引き出したり、ミシンで縫う際に布を送るのにも便利です。

リッパー
縫い目をほどくのに使います。

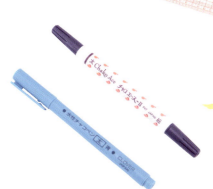

チャコペン
布に印を描く際に使います。水で消えるものや時間が経つと消えるものなど様々あります。

針目について
この本の作品の針目は、布の厚みやデザインに合わせて通常のソーイングよりもやや大き目の3～4ミリにしてあります。ご自分のミシンで針目を調節して作ってください。

how to make
作品の作り方

- 図中の寸法の単位はすべてcmです。
- 帆布バッグ作りの基礎知識は58ページ、基本的な縫い方については8ページからを参考にしてください。
- 作品のでき上がり寸法は製図上のサイズを表示しています。縫い方や布の厚みなどにより若干寸法が変わる場合があります。
- 布同士を仮止めする場合、マチ針でなくソーイングクリップや両面接着テープを使いましょう。
- 布が多く重なる部分は針が折れたりするのを防ぐため、ミシンをゆっくりかけ、目打ちなどで布を送る手助けをしましょう。

02 ベーシックトートバッグM photo p.5

材料
本体・持ち手裏布・ポケット
…10号パラフィン加工帆布カーキ50cm×125cm
底布・持ち手表布
…11号帆布茶100cm×50cm
2cm幅綾織テープ110cm　両面接着テープ適宜

でき上がり寸法
30×33×マチ15cm

縫い方順序
8ページからを参照

裁ち方図

※○の中の数字は縫い代、それ以外は縫い代1cm

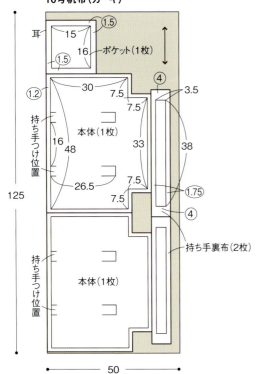

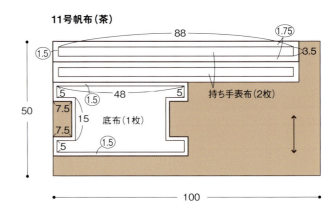

21 トラベルトートバッグ photo p.44

材料
本体・持ち手裏布・ポケット
…10号パラフィン加工帆布ネイビー 60cm×140cm
底布・持ち手表布・袋口用巾着
…11号帆布イエロー 110cm×80cm
2cm幅綾織テープ130cm
ひも用ロープ250cm 両面接着テープ適宜

でき上がり寸法
35×39×マチ17cm

縫い方順序
8ページからを参照し同様に作り、最後に巾着をつける。
★巾着の作り方
1. 布の周囲をジグザグミシンで始末する。
2. 巾着2枚を中表に合わせて脇をあき止まりまで縫う。
3. 縫い代を割ってあき口を縫う。
4. 袋口を三つ折りにして縫い、ひも通しを作る。
5. 下の縫い代を折る。
6. 本体袋口に巾着の下を重ねて袋口を縫う。ロープを通す。

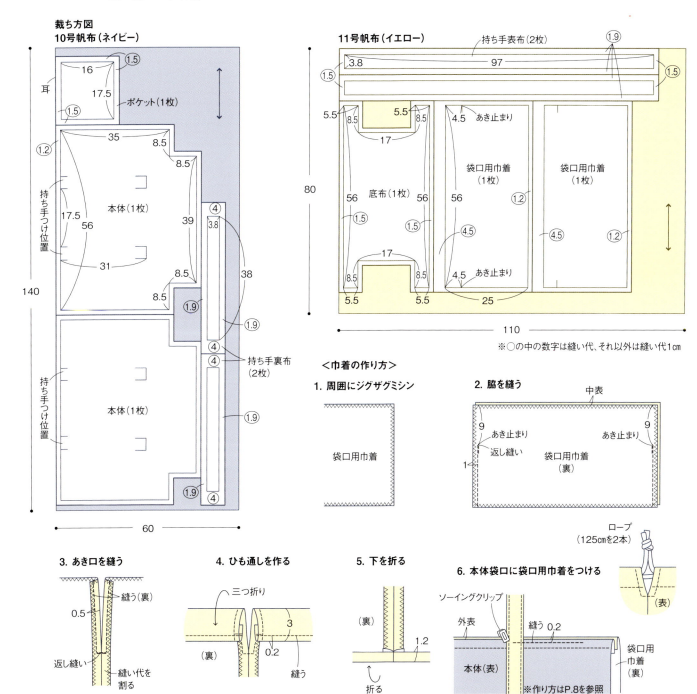

04 たて長トートバッグ M・L photo p.6

材料 ※（ ）内はLサイズ
本体・ポケット…10号パラフィン加工帆布グリーン（生成り）112cm×40(45)cm　底布・ファスナーまち・持ち手・飾り布…11号帆布黄色（紺）112cm×40(55)cm　33.5(36.5)cm丈ファスナー黄色（白）1本　杉綾テープ2cm幅を1.1m（共通）

でき上がり寸法
M…30×23×マチ12cm　L…38×26×マチ12cm

縫い方順序
1. ファスナーまちを作る。
2. 持ち手を作る。
3. ポケット・飾り布を作る。
4. 本体の底を縫い、口を折って縫い、ポケット・飾り布を仮止めし、持ち手をのせて縫い、底布をつける。
5. 脇・まちを縫う。
6. 本体にファスナーまちをつける。

裁ち方図

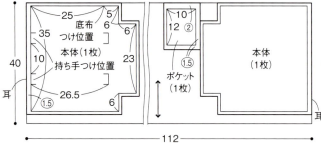
〈Mサイズ〉10号パラフィン加工帆布（グリーン）

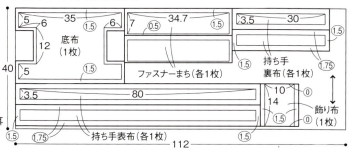
〈Mサイズ〉11号帆布（黄色）

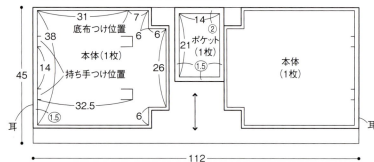
〈Lサイズ〉10号パラフィン加工帆布（生成り）

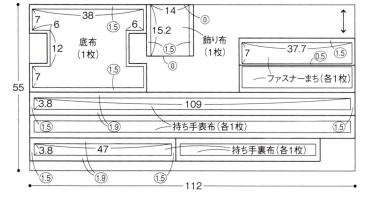
〈Lサイズ〉11号帆布（紺）

※○の中の数字は縫い代、それ以外は縫い代1cm

1. ファスナーまちを作る

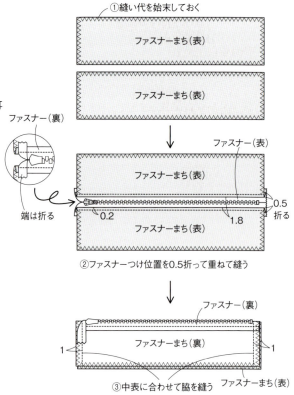

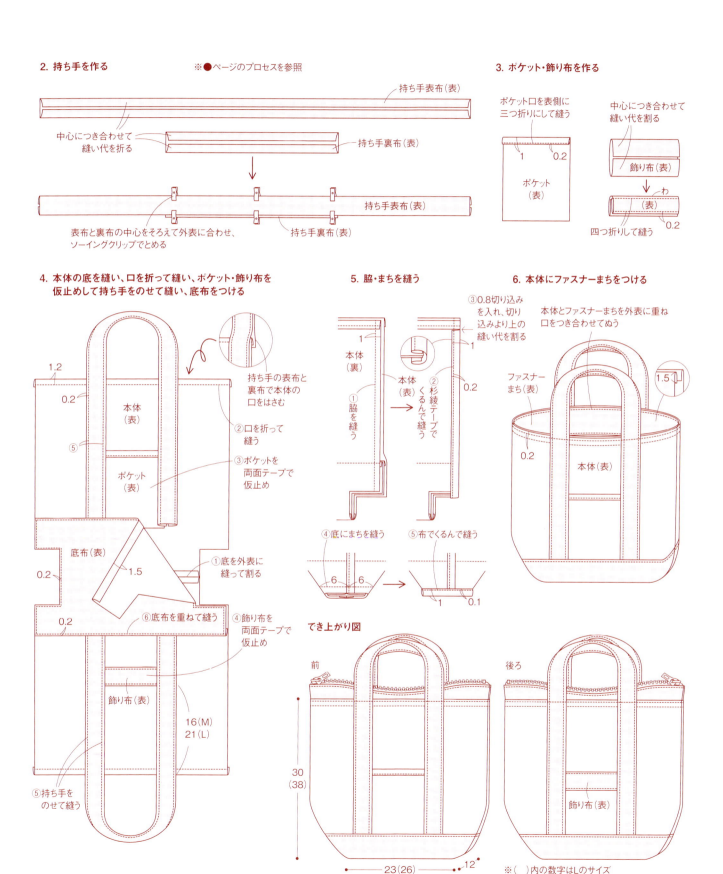

05 バケツトートM・L photo p.14

材料
(L)表底・中底・持ち手…8号帆布赤85cm×100cm
2.5cm幅綾織テープ185cm
(M)表底・中底・持ち手…8号帆布紺80cm×90cm
2.5cm幅綾織テープ160cm
MOCO刺しゅう糸生成り適宜

でき上がり寸法
(L)35×底直径30cm
(M)30×底直径26cm

作り方
1. Mのみ本体と持ち手表布にステッチをする。
2. 持ち手表布と裏布を縫い合わせる。
3. 本体の袋口を折って縫う。
4. 本体に持ち手をつける。
5. 本体を中表に合わせて両脇を縫い、縫い代を綾織テープで始末する。
6. 表底と中底を2枚重ねて本体と中表に合わせて縫い、縫い代を始末する。

★底の型紙は103ページ

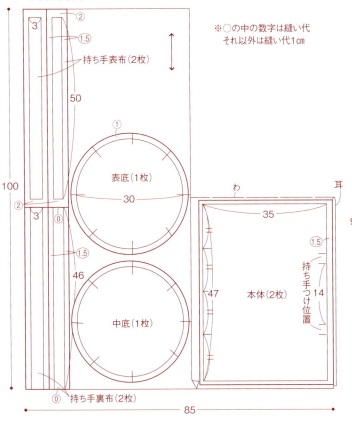

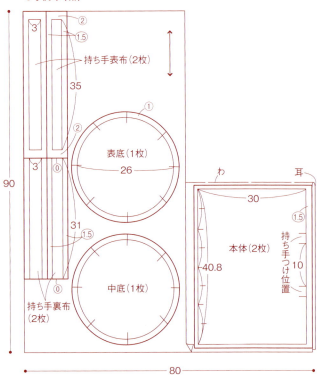

1. 本体と持ち手にステッチをする(Mのみ)

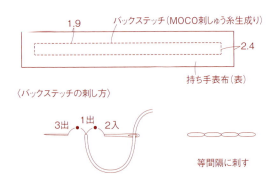

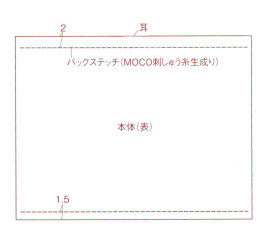

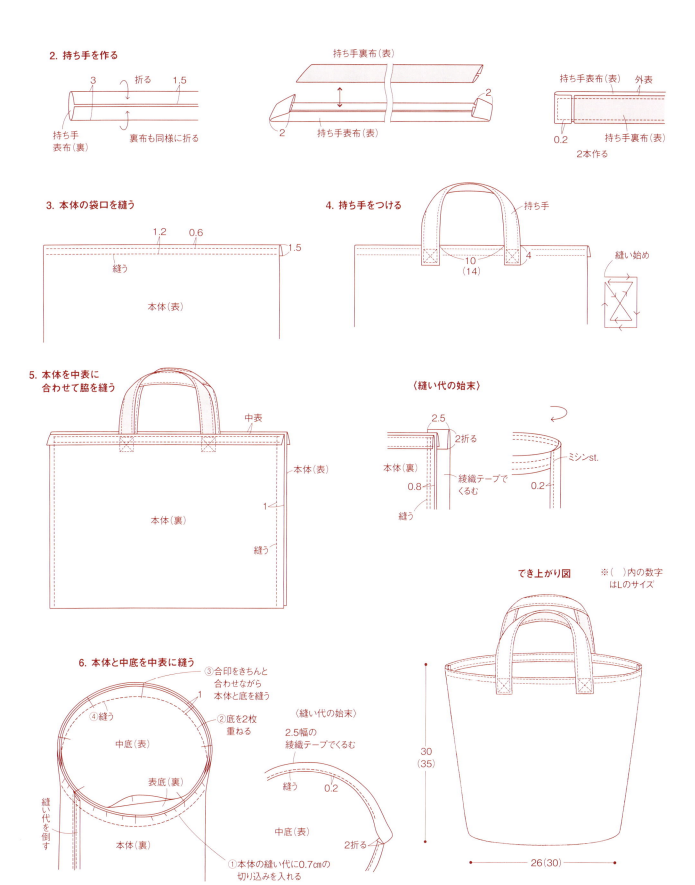

06 バケツトートS photo p.16

材料
本体・持ち手表布…8号帆布黄色112cm×30cm　底布・表底…リネンキャンバス40×40cm　中袋・袋口用巾着・中底・持ち手裏布・巾着ひも…綿厚織79号Bird柄110cm×55cm　接着芯25×45cm

でき上がり寸法
23×底直径20cm

縫い方順序
1. 本体に底布をつける。
2. 持ち手を作る。
3. 本体に持ち手をつける。
4. 本体を中表に合わせて脇を縫う。
5. 本体と表底を中表に縫う。
6. 中袋を中表に合わせて脇を縫う。
7. 袋口用巾着を作る。
8. 本体に袋口用巾着を縫う。
9. 本体・袋口用巾着・中袋を重ねて縫う。
10. 巾着ひもを作る。
★底の型紙は103ページ

裁ち方図

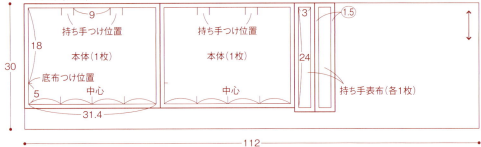

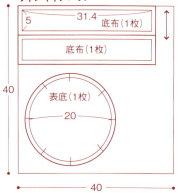

※○の中の数字は縫い代、それ以外は縫い代すべて1cm

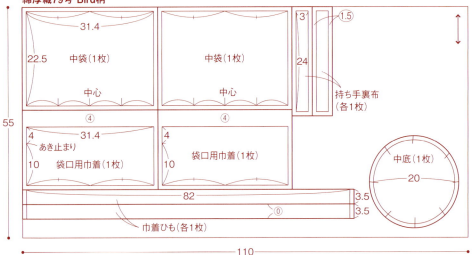

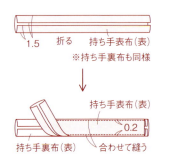

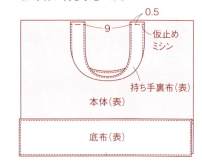

4. 本体を中表に合わせて脇を縫う

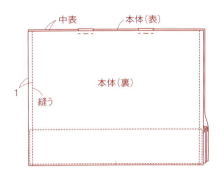

5. 本体と表底を中表に縫う

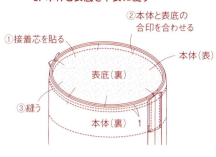

6. 中袋を中表に合わせて脇を縫う

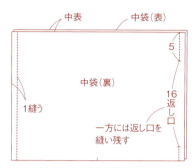

※本体と同様にして接着芯を貼った中底と中表に合わせて縫う

7. 袋口用巾着を作る

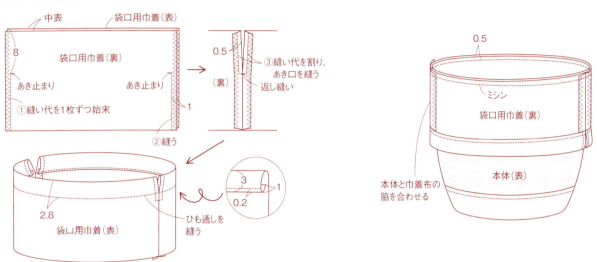

9. 本体・袋口用巾着・中袋を重ねて縫う

10. 巾着ひもを作る

でき上がり図

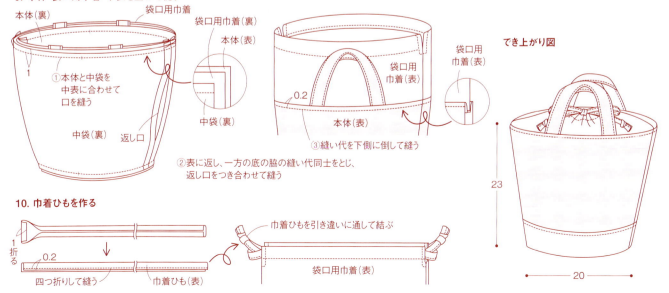

07 2WAYバッグ photo p.18

材料
本体・ポケット・マチ・持ち手・ショルダー・見返し
…11号帆布ベージュ 110cm×80cm
2.5cm幅綾織テープ 190cm
2.5cm幅トリコロールグログランリボン 6cm

でき上がり寸法
31×32×マチ15cm

作り方
1. 持ち手を作る。
2. ショルダーを作る。
3. 左右ポケットを縫い合わせて本体に仮止めする。
4. 本体とマチを中表に合わせて縫う。
5. 見返しの下部を折り、両脇を縫いわにする。
6. 本体に持ち手を仮止めし、見返しを縫う。表に返してミシンステッチをする。
7. マチにショルダーをつける。

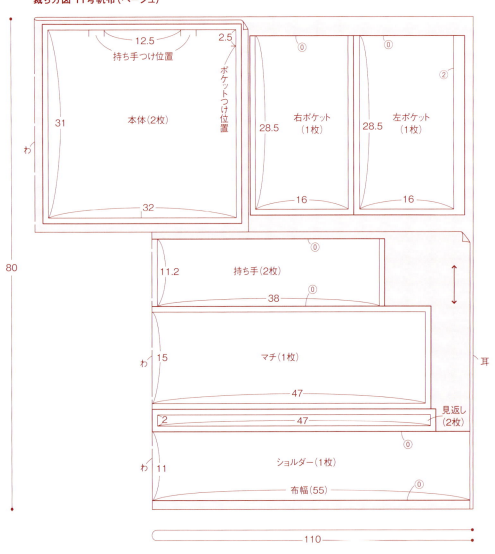

裁ち方図 11号帆布（ベージュ）

※○の中の数字は縫い代
　それ以外は縫い代1cm

1. 持ち手を作る

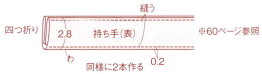

※60ページ参照
同様に2本作る

2. ショルダーを作る

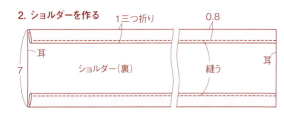

3. ポケットを作る

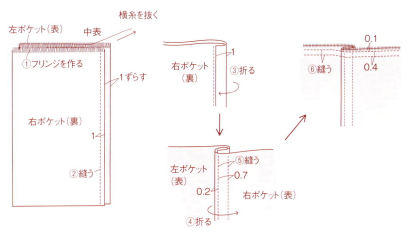
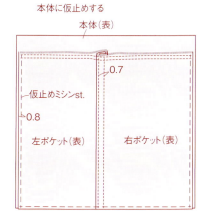

4. 本体とマチを中表に縫う

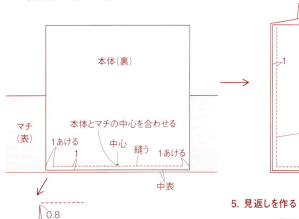

〈縫い代の始末〉

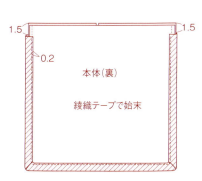

もう1枚の本体とマチを中表に縫う

5. 見返しを作る

6. 持ち手をつける

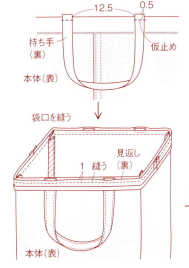

7. ショルダーをつける

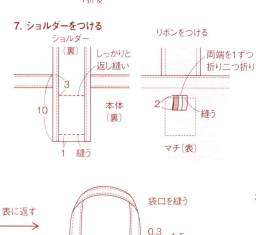

でき上がり図

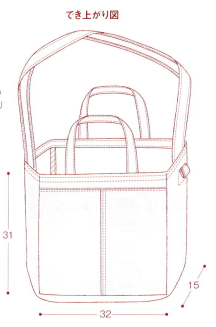

08 バケツショルダー photo p.20

材料
本体・表底・ポケット・ショルダー表布・タブ
…8号帆布黒60cm×130cm
持ち手裏布・パイピング用布
…11号帆布こげ茶110cm×20cm
中袋・中底・袋口用巾着…黒リネン110cm×60cm
0.6cm幅サテンリボン160cm
4cm幅角カン・ベルト送り各1個

でき上がり寸法
32×25×マチ20cm

作り方
1. ポケットを作る。
2. 本体にポケットをつける。
3. 本体2枚を中表に合わせて脇を縫う。
4. 本体と底を中表に合わせて縫う。
5. 袋口用巾着を作る。
6. 中袋を本体同様に作り、本体に重ね入れ、袋口用巾着を外表に合わせて仮止めする。
7. 袋口をパイピングする。
8. タブを作る。
9. ショルダーを作る。
10. 本体にタブとショルダーをつける。
11. 袋口用巾着にリボンを通して結ぶ。

★底の型紙は103ページ

裁ち方図
8号帆布（黒）

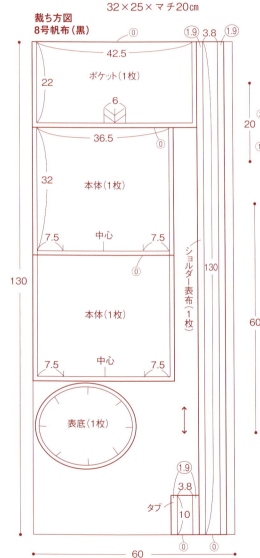

11号帆布（こげ茶）

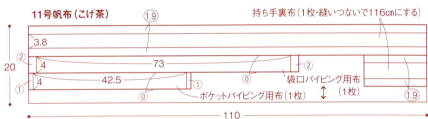

黒リネン

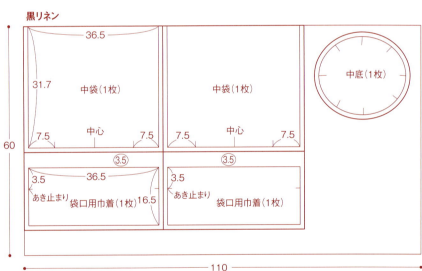

※○の中の数字は縫い代、それ以外は縫い代1cm

1. ポケットを作る

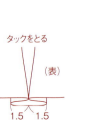

2. 本体にポケットをつける

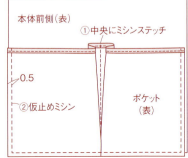

3. 本体を中表に合わせて脇を縫う

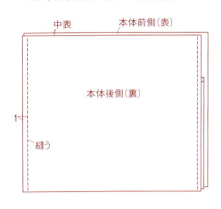

4. 本体と底を中表に縫う

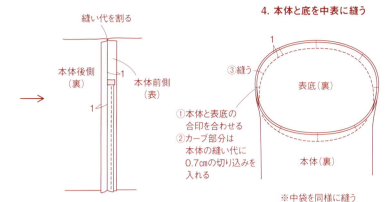

5. 袋口用巾着を作る

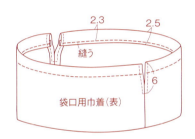

※作り方は63ページ参照

6. 本体、中袋、袋口用巾着を重ねて縫う

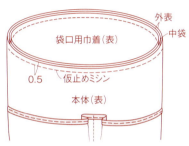

7. 袋口をパイピングする

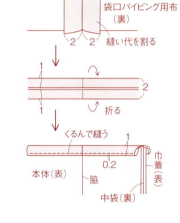

8. タブを作る

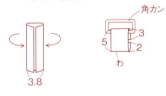

9. ショルダーを作る

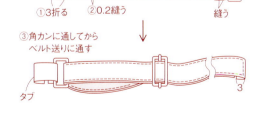

10. タブとショルダーをつける

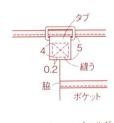

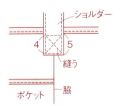

11. 巾着にリボンを通す

でき上がり図

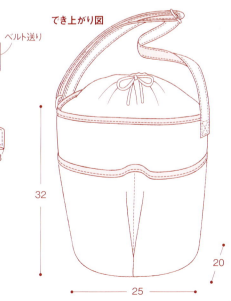

10 ビッグショルダー photo p.23

材料
本体・底布・ポケット・ショルダー・カン止め布…オリジナルストライプリネン帆布赤耳×紺×黒…98㎝×150㎝　中袋・内ポケット…綿厚織79号パウダーブルー…112㎝×70㎝　直径1.3㎝ホックボタン1組　4㎝幅送りカンとDカン各1個　1.5㎝幅両面接着テープ　接着芯5×5㎝

でき上がり寸法
27.5×33×マチ14㎝

縫い方順序
※作り方は24ページからのプロセス1～3と同じ
4. ポケットを作り、本体にポケットと底布をつける（下図参照）。
5. 本体を縫う（p.25,26参照）。
6. ショルダーを作り、本体に縫う（p.26～28参照）。
7. 内ポケットの袋口を三つ折りにして縫う。
8. 内ポケットの下辺の縫い代を折り、つけ位置に重ねて両脇を縫う。
9. 中袋と本体を縫い、ホックボタンをつける（p.29参照）。

裁ち方図
オリジナルストライプリネン帆布（赤耳×紺×黒）

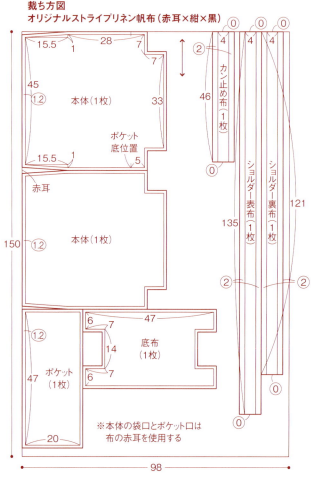

綿厚織79号（パウダーブルー）

※○の中の数字は縫い代、それ以外は縫い代1㎝

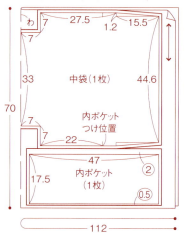

本体にポケットをつけ、底布をつける

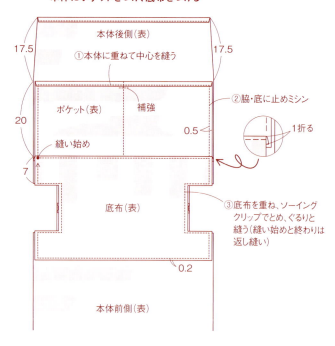

ポケットを作る

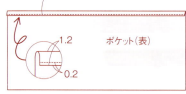

11 カードケース photo p.30

材料
外側・内側…11号帆布ブルー 40cm×15cm
フラップ…11号帆布ネイビー 10cm×15cm
リングスナップ 1組
2.5cm幅グログランストライプリボン 4cm

でき上がり寸法
7×11cm

作り方
1. 外側とフラップを中表に縫い、縫い代を割る。リボンを二つに折り仮止めする。
2. 外側と内側を中表に合わせて返し口を残して周囲を縫う。
3. 表に返して返し口を閉じてポケット口にミシンステッチをする。
4. 底を折って袋に縫い、リングスナップをつける。
★フラップの型紙は103ページ

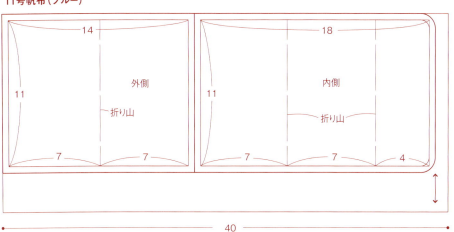
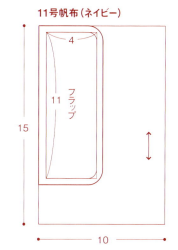

1. 外側とフラップを中表に縫う

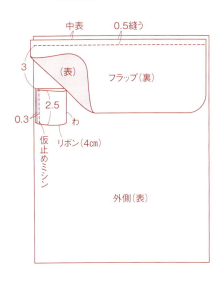

3. ポケット口をミシンステッチする

2. 外側と内側を中表に縫う

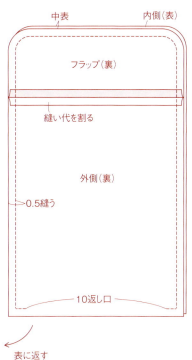

4. 底を折って袋に縫いリングスナップをつける

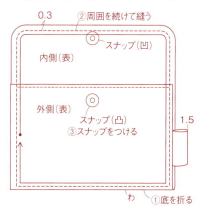

でき上がり図

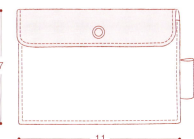

12 ペンケース photo p.31

材料
本体…8号帆布グリーン25㎝×20㎝
2.5㎝幅綾織テープ25㎝
2㎝幅綾織テープ白6㎝
19㎝丈ファスナー1本

でき上がり寸法
7×20㎝

作り方
1. 本体にファスナーをつけ、綾織テープを二つ折りにして仮止めする。
2. 本体を中表に合わせて脇を縫う。
3. 縫い代を綾織テープで始末する。

裁ち方図
8号帆布（グリーン）

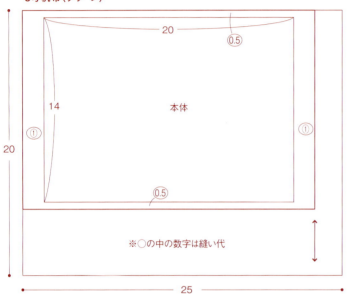

※○の中の数字は縫い代

1. 本体にファスナーをつける

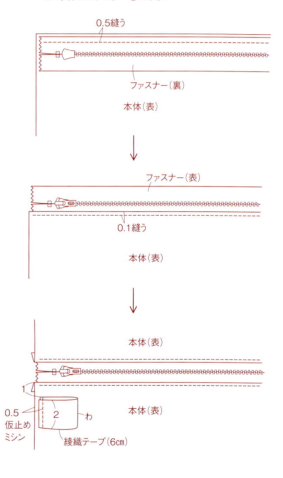

2. 中表に合わせて脇を縫う

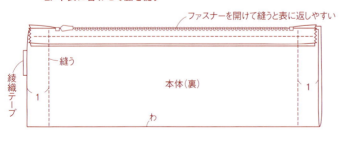

3. 縫い代の始末をする

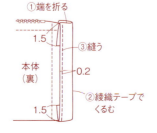

でき上がり図

16 ぺたんこショルダー photo p.36

材料
本体・ショルダー・タブ…11号帆布黄土色110cm×35cm
中袋…ストライプ55cm×25cm
0.5cm幅革ひも31cmを2本

でき上がり寸法
24×21cm

作り方
1. ショルダーとタブを作る。
2. 本体を中表に合わせて脇を縫う。
3. 本体袋口に革ひも、ショルダー、タブを仮止めする。
4. 中袋を中表に合わせて返し口を残して脇を縫う。
5. 本体と中袋を中表に合わせて袋口を縫う。
6. 表に返して返し口を閉じ、袋口にミシンステッチをする。

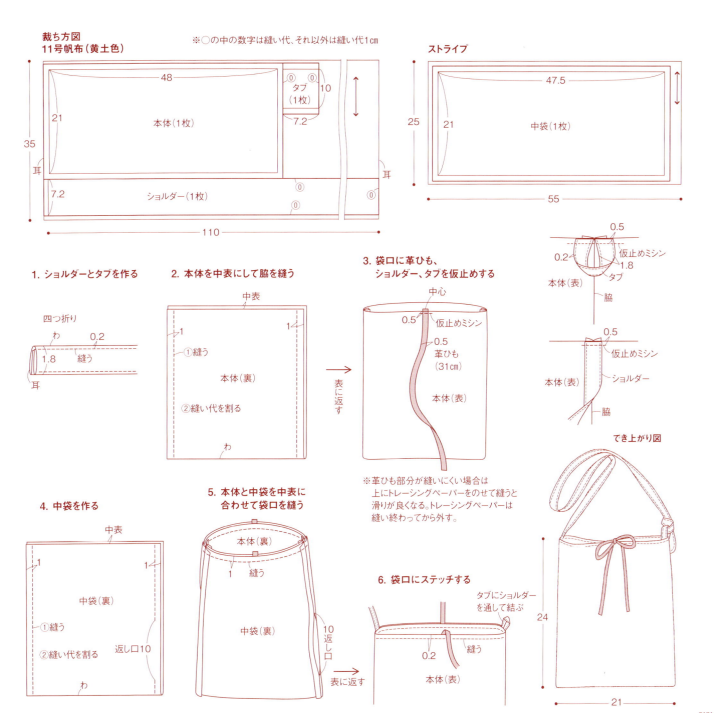

14 ボートポーチ photo p.33

材料
本体…8号帆布ピンク40cm×30cm
ファスナーマチ・タブ
…11号帆布グレー60cm×10cm
20cm丈ファスナー1本
2.5cm幅綾織テープ30cm

でき上がり寸法
12.5×11×マチ10cm

作り方
1. 各パーツの周囲をジグザグミシンで始末する。
2. タブを作る。
3. ファスナーマチにファスナーをつける。
4. ファスナーマチを中表に合わせて脇を縫う。
5. 本体を中表に合わせてタブをはさんで脇を縫う。
6. マチを縫い、縫い代を綾織テープで始末する。
7. 本体とファスナーマチを中表に合わせて袋口を縫う。表に返して袋口にミシンステッチをする。

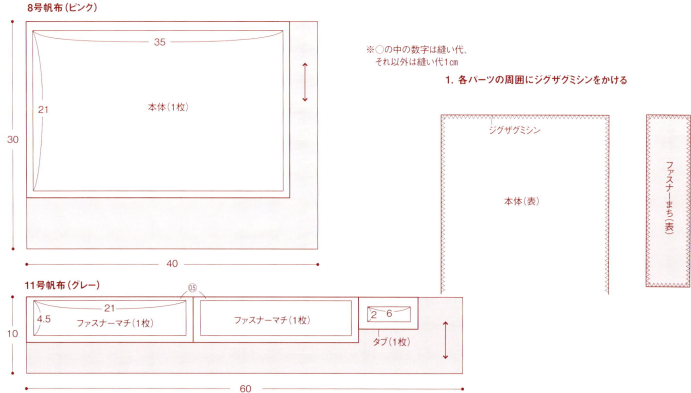

※○の中の数字は縫い代、それ以外は縫い代1cm

1. 各パーツの周囲にジグザグミシンをかける

2. タブを作る

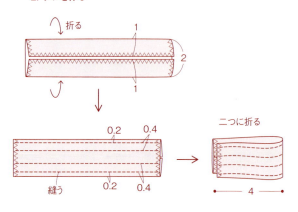

3. ファスナーマチにファスナーをつける

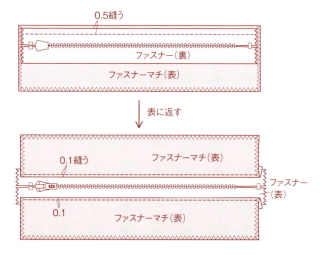

4. ファスナーまちの脇を縫う

ファスナー（裏）

中表

ファスナーマチ（裏）

1縫う

1

縫い代を割る

5. 本体を中表に合わせて脇を縫う

本体（表）

3

タブ

0.5
仮止めミシン

縫い代を
割る

本体（裏）

1

縫う

1

わ

6. マチを縫う

縫う

カット

1

5   5

本体（裏）

本体（裏）

縫い代の始末

②綾織テープ
でくるむ

0.3

③縫う

2   2

①折る

7. 本体とファスナーマチを中表に縫う

中表

本体（裏）

1縫う

ファスナーまち（裏）

本体（表）

表に返す

ファスナーまち（表）

0.3

本体（表）

でき上がり図

.5

10

11

eco - friend

P.34 A4サイズバッグ
図案

200％拡大して
使用

P.37 バイアスバッグ
図案

marine

15 A4サイズバッグ photo p.34

材料
(c A4サイズバッグ・ネイビー)
本体・持ち手表布…11号帆布ネイビー 80cm×40cm
持ち手裏布…ストライプ10cm×50cm
フェルト白25×25cm、2cm幅綾織テープ70cm
(c A4サイズバッグ・イエロー)
本体・外ポケット・持ち手表布…11号帆布イエロー112cm×40cm、中袋・内ポケット・持ち手裏布…11号帆布水色112cm×40cm
(d ショッパーバッグ)
本体・持ち手…11号帆布ボーダー 110cm×70cm
2cm幅綾織テープ105cm

13 ショッパーバッグ photo p.32

でき上がり寸法
(c) 31×26cm (d) 48×47cm

縫い方順序
1. (cネイビー)は本体にアップリケをする。(cイエロー)は本体にステンシルをして外ポケットをつける。中袋に内ポケットをつける。
2. 本体を中表に合わせて脇を縫い、(cネイビー)(d)は縫い代を綾織テープで始末する。(cイエロー)は縫い代を割る。
3. 持ち手を作り、本体につける。
(cイエロー)は本体と中袋を中表に合わせて持ち手をはさんで袋口を縫う。
★ (d)の作り方は**2**からを参照。アップリケとステンシルの型紙は79ページ

裁ち方図

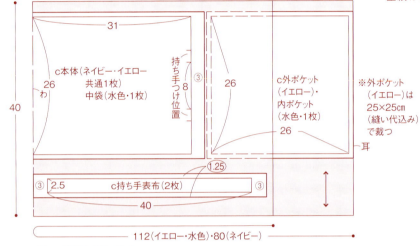

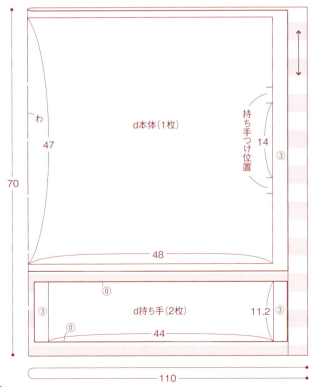

※ストライプの位置に注意して裁つ　※dの作品の作り方は2からを参照

〈持ち手の作り方〉

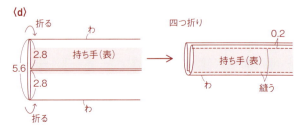

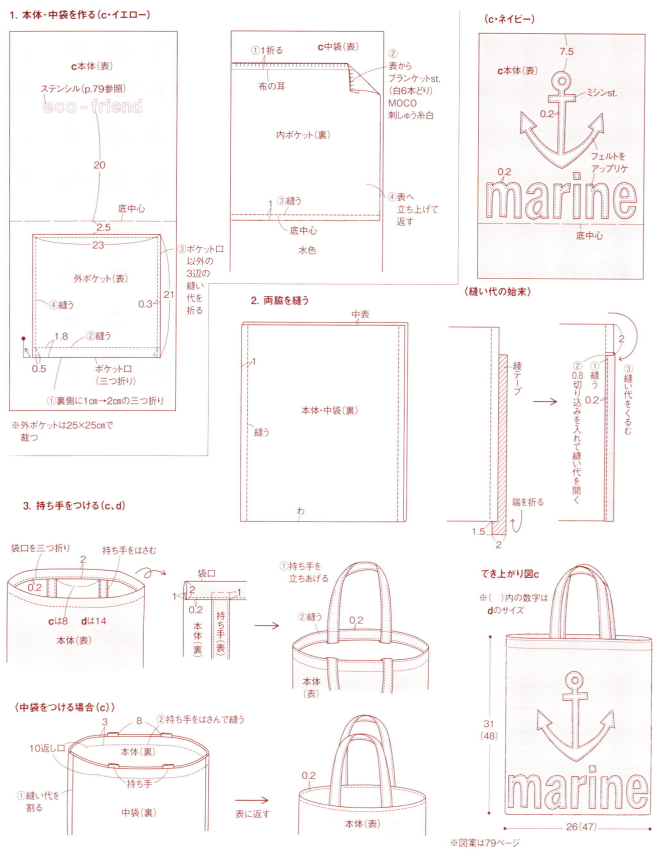

18 マリンバッグ photo p.38

材料
本体・見返し・タブ…11号帆布白100cm×50cm
底…11号帆布紺60cm×30cm
ボーダー配色布…11号帆布赤90cm×20cm
中袋・中底…ストライプリネン90×65cm
接着芯50×10cm、直径1.3cmホックボタン1個
直径0.8cmロープ140cm、内径1cmハトメ4個

でき上がり寸法
35×底直径26cm

作り方
1. 本体袋口に接着芯を貼り、ボーダー配色布を重ねて縫う。
2. 本体2枚を中表に合わせて脇を縫う。
3. 底2枚と本体を中表に合わせて縫う。中袋を本体と同様に作る。
4. タブを作る。
5. 見返しをわに縫い、タブを仮止めして中袋と中表に縫う。
6. 本体と中袋を中表に合わせて返し口を残して袋口を縫う。
7. 表に返して袋口にミシンステッチをする。
8. ハトメをつけてロープを通して結ぶ。

★底の型紙は103ページ

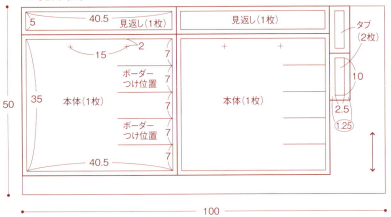

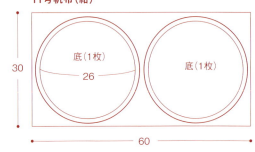

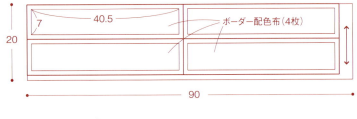

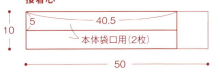

※○の中の数字は縫い代、
　それ以外は縫い代1cm

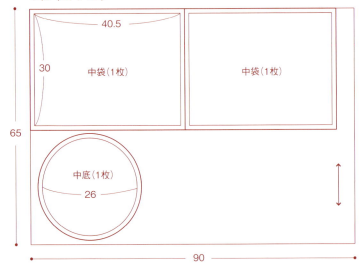

1. 本体にボーダー配色布をつける

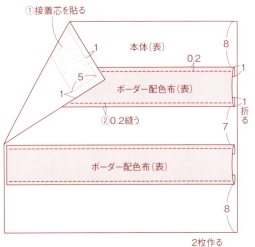

2. 本体2枚を中表に合わせて脇を縫う

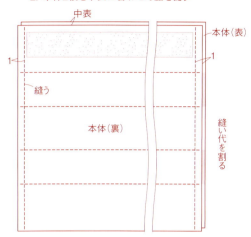

3. 本体と底を中表に縫う

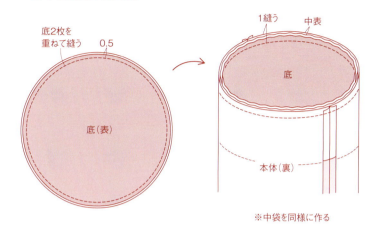

※中袋を同様に作る

4. タブを作る

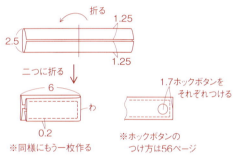

※同様にもう一枚作る
※ホックボタンのつけ方は56ページ

5. 見返しを作る

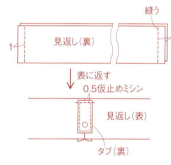

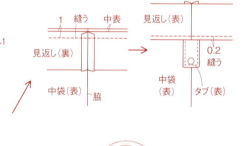

6. 本体と中袋を中表に合わせて袋口を縫う

7. 表に返して袋口にミシンステッチする

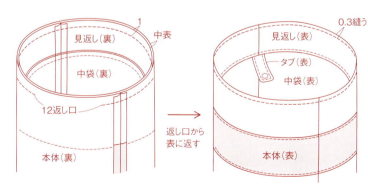

返し口から表に返す

でき上がり図

35
26

8. ハトメをつけロープを通す

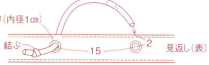

※ハトメのつけ方は60ページ

19 リュック photo p.40

材料
本体・ポケット…10号帆布紺112cm×80cm
中袋・内ポケット…綿厚織79号ベージュ112cm×60cm
肩ひも・持ち手・タブ・背帯・ポケット口パイピング用布・底布…11号帆布こげ茶112cm×40cm　直径1.3cmホックボタン1組　太さ0.3cmレザーコード200cm 4cm幅の送りカン・Dカン各2個

でき上がり寸法
45×32×マチ6cm

縫い方順序
1. ポケットを作り、本体につける。
2. 本体に底布をつける。
3. 肩ひも・持ち手を作り、本体後側につける。
4. 本体を中表に折り、脇・まちを縫う。
5. 内ポケットを作り、中袋につけ、中表に折り、脇・まちを縫う。
6. 本体と中袋を重ね、あき・ひも通しを縫う。
7. 肩ひもに送りカンを通して縫う。
8. コードを引き違いに通して結ぶ。

裁ち方図　※○の中の数字は縫い代、それ以外は縫い代1cm

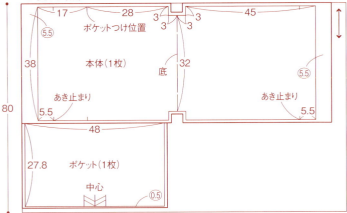

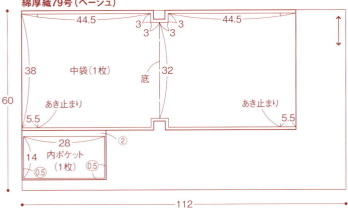

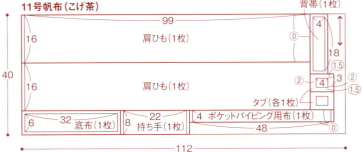

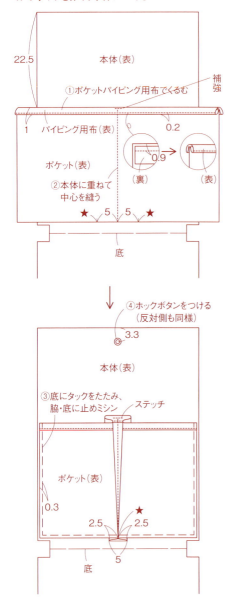

1. ポケットを作り、本体につける

2. 本体に底布をつける

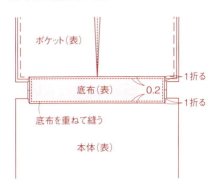

3. 肩ひも・持ち手を作り、本体後側につける

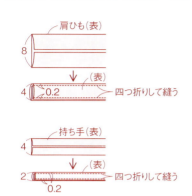

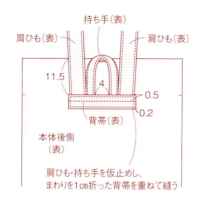

4. 本体を中表に折り、脇・まちを縫う

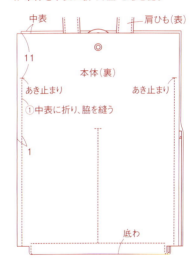

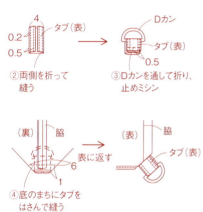

5. 内ポケットを作り、中袋につけ、中表に折り、脇・まちを縫う

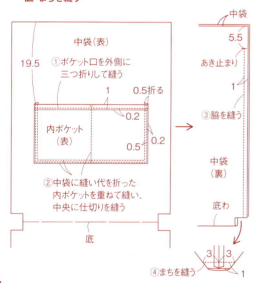

6. 本体と中袋を重ね、あき・ひも通しを縫う

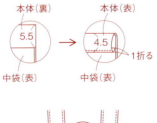

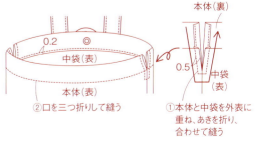

7. 肩ひもに送りカンを通して縫う

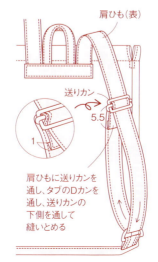

でき上がり図

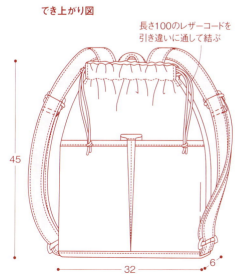

20 ガーデンバッグ photo p.42

材料
本体・マチ・マチポケット・前側ポケット・持ち手裏布…8号帆布オリーブカーキ
90cm×90cm
底布・持ち手表布…11号帆布モス90cm×40cm
中袋・中袋マチ…ストライプ50cm×70cm

でき上がり寸法
25×30×マチ13cm

作り方
1. 持ち手表布と裏布を合わせて縫う。
2. 本体とマチの袋口を折る。
3. 前側ポケットとマチポケット2枚を作る。
4. 本体とマチに**3**を縫う。
5. 本体に持ち手を重ねて縫い、続けて持ち手にステッチをして持ち手を完成させる。
6. **5**に底布を重ねて縫う。
7. 本体とマチを中表に合わせて底、脇の順に縫う。
8. 中袋を作る。
9. 本体に中袋を重ね入れて袋口を縫う。

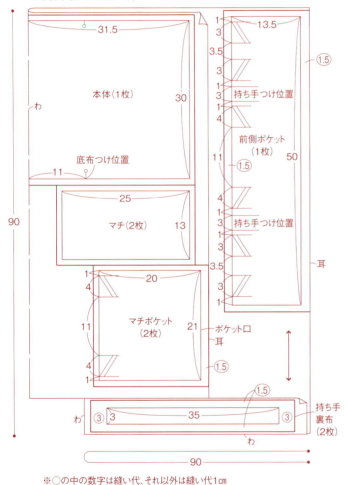

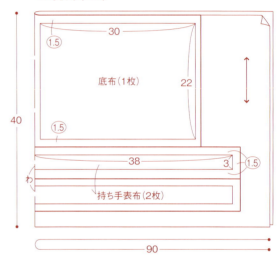

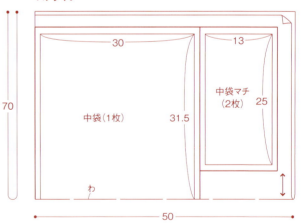

※○の中の数字は縫い代、それ以外は縫い代1cm

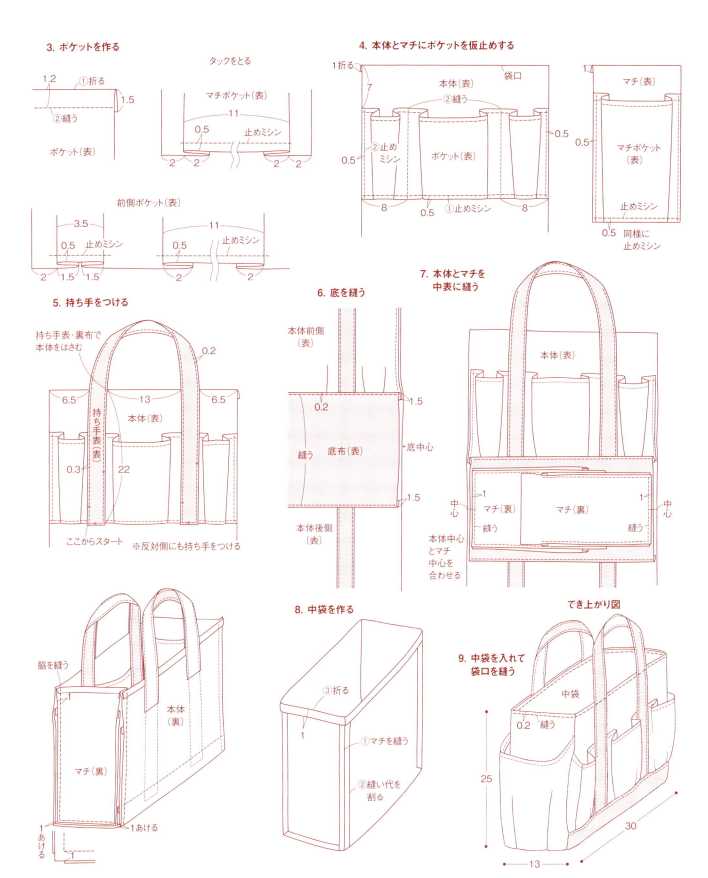

22 ボストンバッグ
photo p.46

23 トラベルバッグ
photo p.48

材料
（xボストンバッグ）本体・持ち手土台布・ポケット
…10号帆布パープル112cm×90cm
底布・持ち手配色布・ファスナータブ・ホック土台布
…11号帆布パープル110cm×40cm
50cm丈ビスロンファスナー1本
2.5cm幅綾織テープ110cm、直径1.3cmホックボタン2個
（yトラベルバッグ）本体・持ち手土台・ポケット
…10号帆布生成り112cm×130cm
底布…11号帆布黒85cm×40cm
持ち手配色布・ファスナータブ・ホック土台布
…11号帆布グレー 30cm×130cm
70cm丈ビスロンファスナー1本
2.5cm幅綾織テープ140cm、直径1.3cmホックボタン2個

でき上がり寸法
（x）30.5×41×マチ15cm
（y）41.5×57×マチ20cm

作り方
1. 持ち手を作る。
2. ポケット口を折って縫う。
3. 本体にポケットと持ち手をつける。
4. 本体に底布を縫う。
5. 本体の袋口にファスナーをつける。
6. 本体を中表に合わせて脇を縫い、縫い代を始末する。
7. マチを縫い、綾織テープで始末する。
8. ファスナータブを作り、ファスナー横につける。
9. ホックボタンをつける。

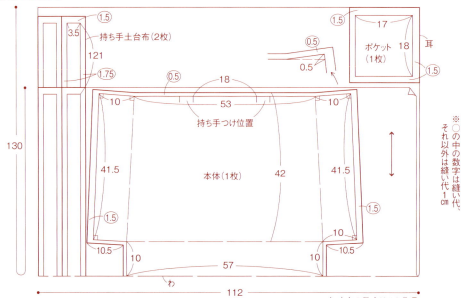

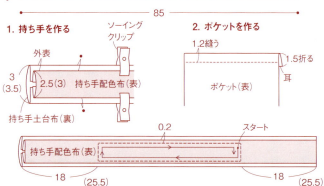

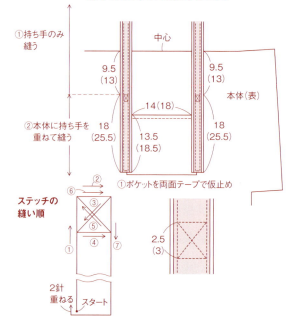

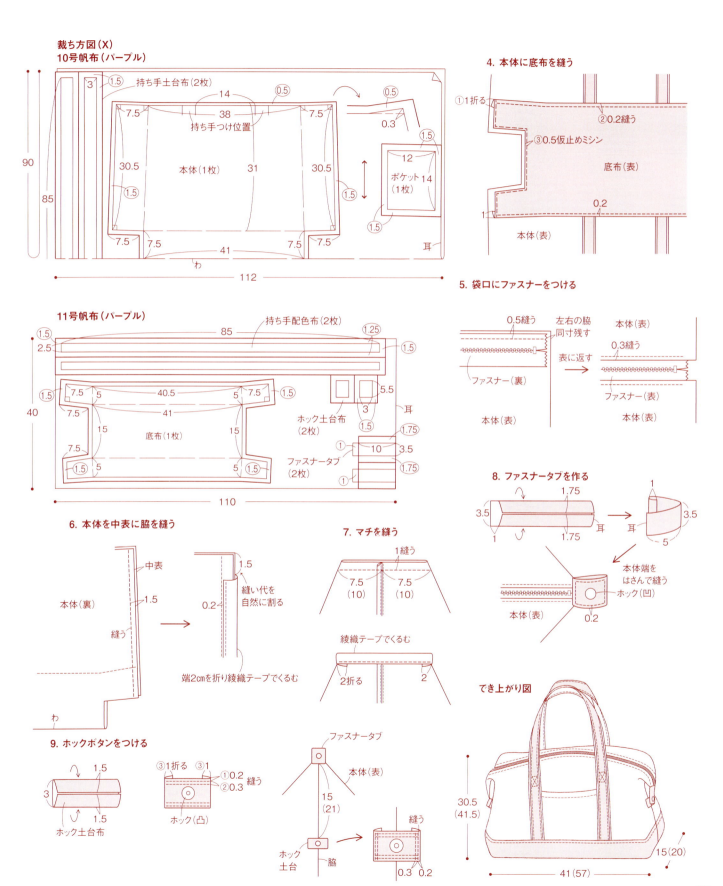

24 パニエバッグ photo p.50

材料
本体・表底・内ポケット・見返し…ストライプリネン帆布98cm×100cm
中袋・中底・内ポケットのファスナー横布…綿厚織79号 黄色112cm×50cm　接着芯70×100cm　25cm丈ファスナー1本　持ち手INAZUMA BM-6004#25 焦茶 長さ60cm 1組　両折り2cm幅黄色バイアステープ110cm

でき上がり寸法
25×30×マチ12cm

縫い方順序
1. 内ポケットを作る。
2. 本体2枚に接着芯を貼り、中表に合わせて脇を縫う。
3. 本体と底を中表に合わせて縫う。
4. 中袋に見返しをつける。
5. 本体と中袋を重ねて袋口をパイピングする。
6. 持ち手をつける。

★本体と底の型紙は103ページ

裁ち方図　※◯の中の数字は縫い代、それ以外は縫い代1cm

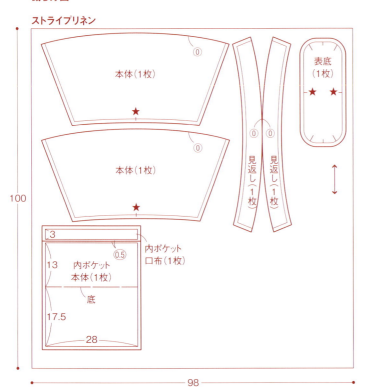

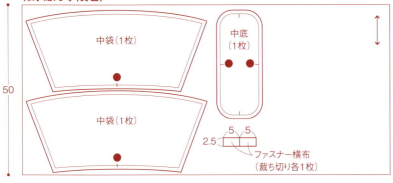

1. 内ポケットを作る

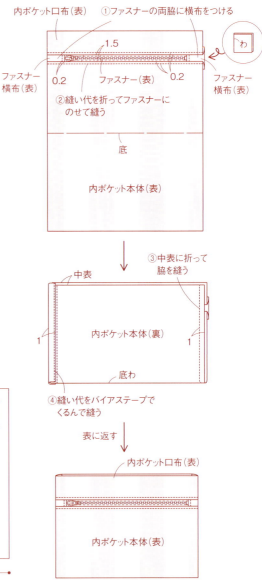

2. 本体2枚に接着芯を貼り、中表に合わせて脇を縫う

3. 本体と底を中表に合わせて縫う

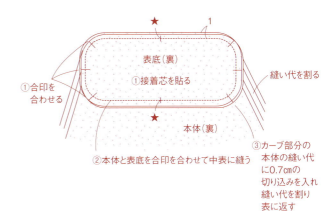

4. 中袋に見返しをつける

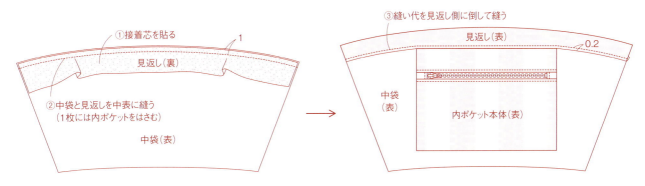

※本体と同様に中表に合わせて脇を縫い、接着芯を貼った中底と中表に縫う

5. 本体と中袋を重ねて袋口をバイアステープで始末する

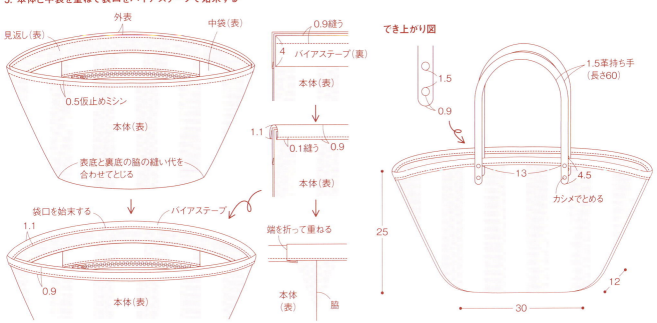

25 ケーキボックスバッグ photo p.51

材料
本体・表底…11号帆布紺60cm×110cm
中袋・中底・持ち手・持ち手通し
…プリントコットン110cm×120cm
接着芯110×50cm

でき上がり寸法
38×30×マチ28cm

作り方
1. 持ち手を作る。
2. 持ち手通しを作る。
3. 本体2枚を中表に合わせて脇を縫う。
4. 本体と底を中表に合わせて縫う。
5. 中袋を作る。
6. 本体と中袋を中表に合わせて袋口を縫う。
7. 表に返して返し口を閉じ、持ち手通しをつける。
8. 持ち手を通して結ぶ。

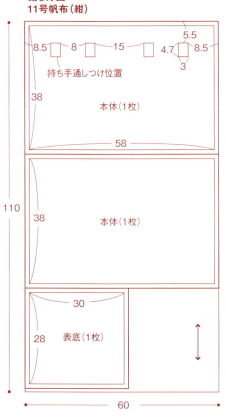

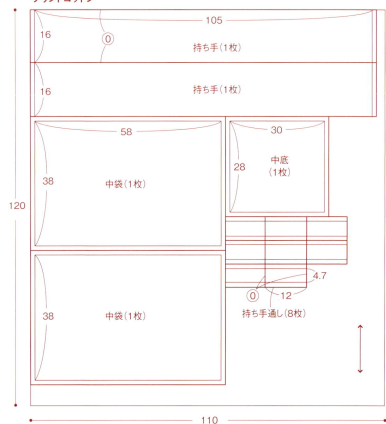

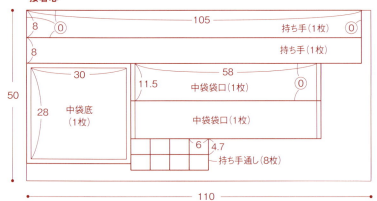

1. 持ち手を作る

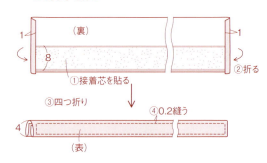

2. 持ち手通しを作る

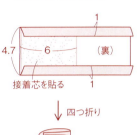

3. 本体2枚を中表に縫う

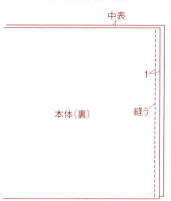

4. 本体と表底を中表に縫う

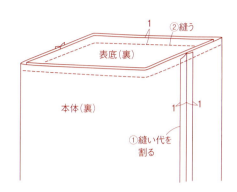

5. 中袋を作る

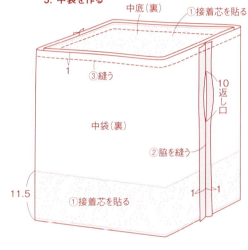

6. 本体と中袋を中表に縫う

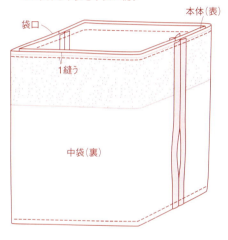

袋口を上にする

表に返して返し口を閉じる

7. 持ち手通しをつける

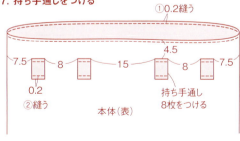

8. 持ち手を通す

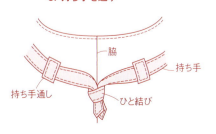

てき上がり図

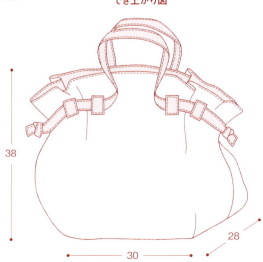

93

26 エコバッグ photo p.52

材料
本体…8号帆布グリーン70㎝×130㎝
中袋…プリントコットン60㎝×120㎝
3.5㎝幅バイアステープ210㎝、
布用ペンキ白・伸び止め接着テープ各適宜

でき上がり寸法
32×39×マチ18㎝

作り方
1. 帆布に布用ペンキで5㎝間隔に塗り、ボーダーを作る。
2. 本体の布を裁つ。
3. 持ち手に伸び止め接着テープを貼る。
4. 本体を中表に合わせて持ち手と脇を縫い、縫い代を割る。
5. マチを縫う。
6. 中袋を本体同様に作り、本体に重ね入れ仮止めする。
7. 持ち手をバイアステープで始末する。
★型紙は103ページ

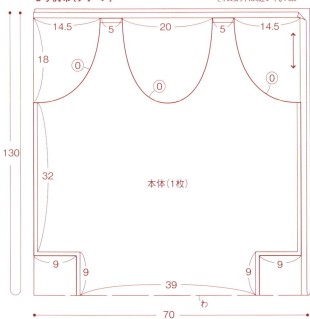

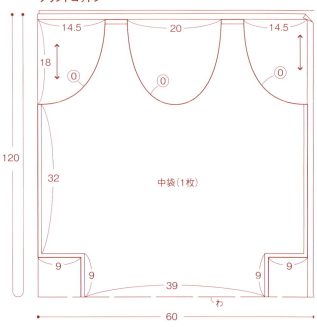

1. 帆布にペイントをしてボーダーを作る

2. 布を裁つ

3. 持ち手に伸び止め接着テープを貼る

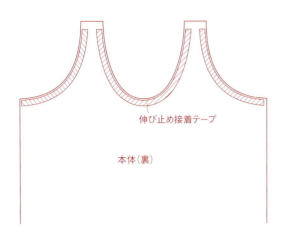

4. 中表に合わせて持ち手と脇を縫う

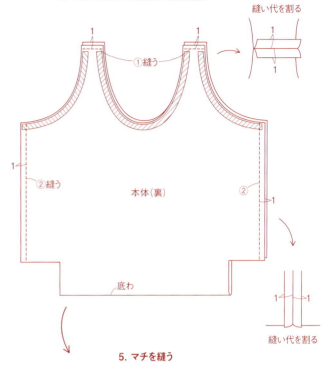

5. マチを縫う

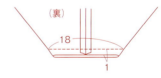

※中袋を本体と同様にして作る

6. 本体に中袋を重ね入れる

7. 持ち手をバイアステープで始末する

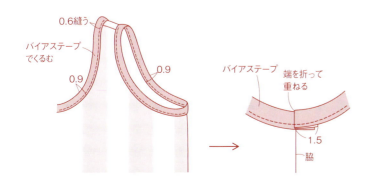

でき上がり図

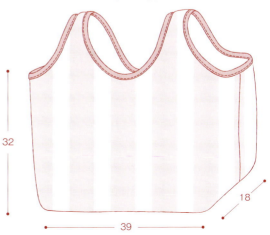

27 CDボックスバッグ　photo p.54

材料
本体・底…10号帆布ベージュ 110cm×20cm
袋口かぶせ・持ち手・口布
…11号帆布ピンク90×30cm
2.5cm幅綾織テープ120cm

でき上がり寸法
15.5×22×マチ13.5cm

作り方
1. 持ち手を作る。
2. 袋口かぶせを作る。
3. 本体に持ち手と袋口かぶせを仮止めする。
4. 本体に口布をつける。
5. 表に返してミシンステッチをする。
6. 本体を中表に合わせて脇を縫い、縫い代を綾織テープで始末する。
7. 本体と底を中表に合わせて縫い、縫い代を綾織テープで始末する。

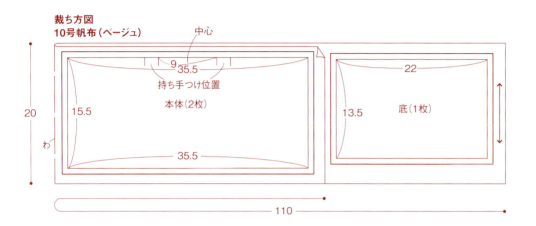

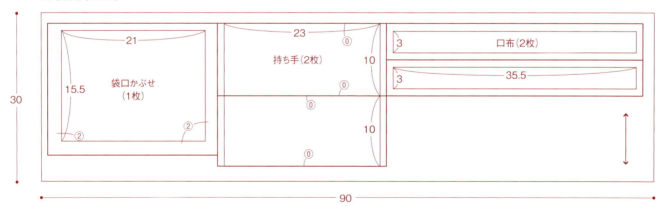

1. 持ち手を作る

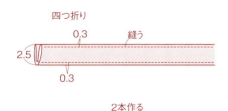

2. 袋口かぶせを作る

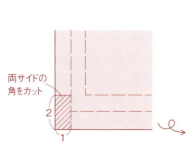

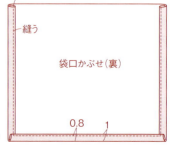

3. 本体に持ち手と袋口かぶせを仮止めする

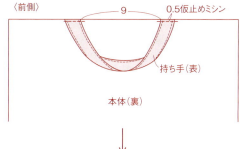
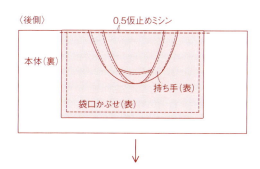

4. 本体に口布をつける

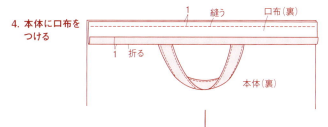

5. 表に返してミシンステッチをする

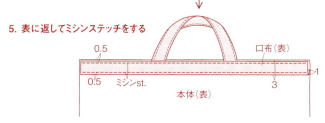
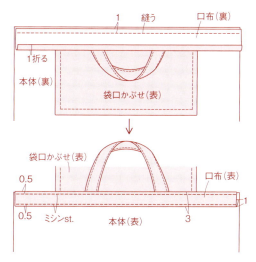

6. 本体を中表に合わせて両脇を縫う

7. 本体と底を中表に合わせて縫う

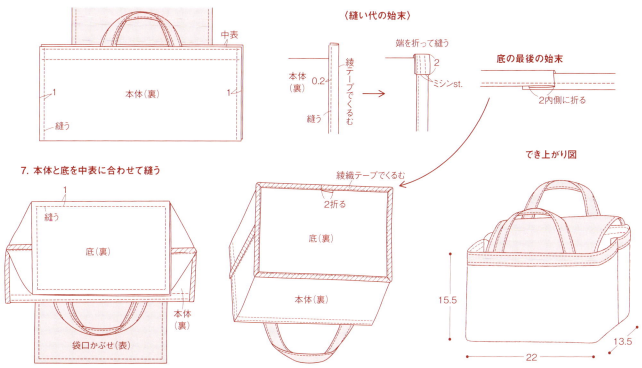

28 BOOKボックスバッグ photo p.55

材料
本体・マチ…8号帆布白110cm×70cm
中袋・底布・中袋マチ・マチ底布・持ち手・引っ掛けベルト…11号帆布ブルーグレー 110cm×80cm

でき上がり寸法
25×34×マチ24.5cm

作り方
1. 持ち手を作る。
2. 引っ掛けベルトを作る。
3. 本体に底布と持ち手をつける。
4. マチにマチ底布と引っ掛けベルトを縫う。
5. 本体とマチを中表に合わせて底と脇を縫う。
6. 中袋を本体と同様に作り、本体と中表に合わせて袋口を縫う。表に返して返し口を閉じ、袋口にミシンステッチをする。

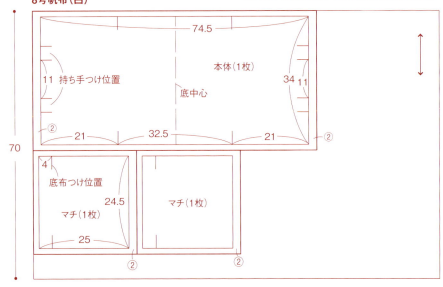

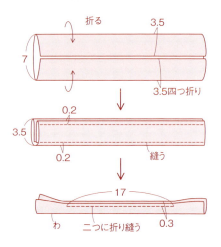

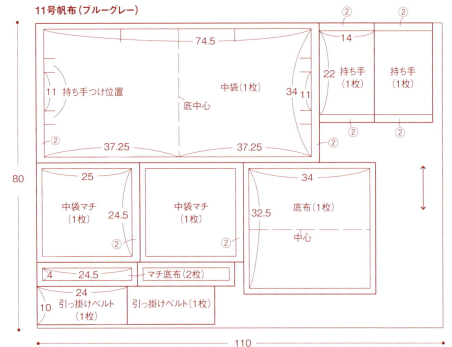

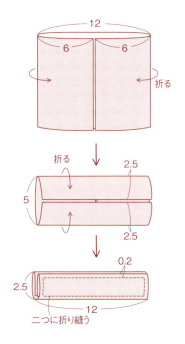

3. 本体に底布と持ち手をつける

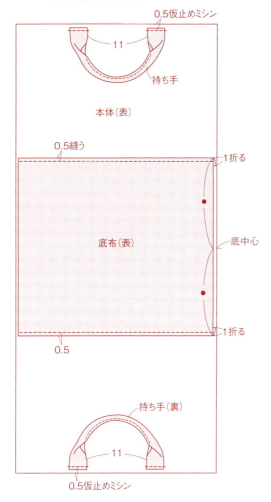

4. マチにマチ底布と引っ掛けベルトをつける

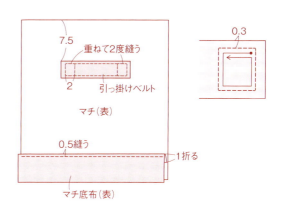

5. 本体とまちを中表に合わせて縫う

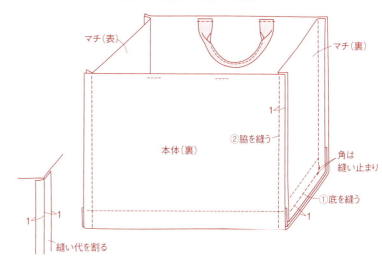

※中袋を同様に作る

6. 本体と中袋を中表に合わせて袋口を縫う

でき上がり図

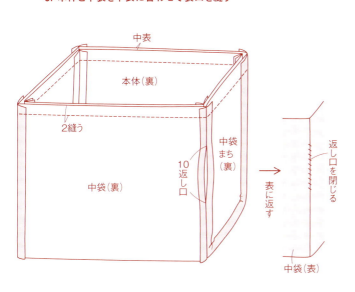

29 ランドリーバッグ photo p.56

材料
本体・中袋・表底・中底・持ち手表布
…8号帆布白110cm×200cm
袋口用巾着・持ち手裏布…麻布白80×80cm
アップリケ布…麻布グレー 10×5cm
0.8cm幅リボン320cm、2cm幅綾織テープ510cm
25番刺しゅう糸赤各適宜

でき上がり寸法
45×38×マチ38cm

作り方
1. タグを作り本体にアップリケをする。
2. 持ち手を作る。
3. 本体2枚を中表に合わせて脇を縫い、縫い代を綾織テープで始末する。
4. 本体と表底を中表に合わせて縫い、縫い代を綾織テープで始末する。
5. 本体に持ち手をつける。
6. マジックテープをつける。
7. 袋口用巾着2枚を中表に合わせて脇を縫い、ひも通しを作る。本体袋口の内側に縫い合わせ、リボンを通す。
8. 中袋を本体同様に作り、本体マジックテープの位置に合わせてマジックテープをつける。

裁ち方図
8号帆布(白)

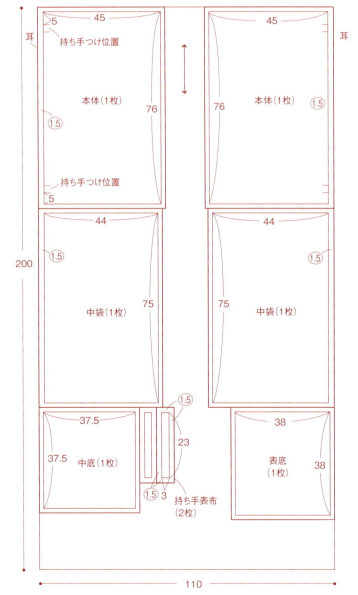

麻布(白)

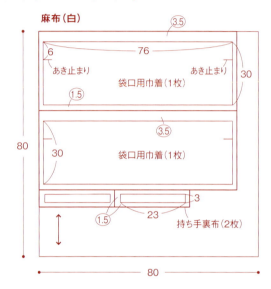

1. 本体にアップリケする

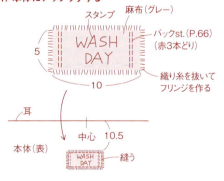

2. 持ち手を作る

※○の中の数字は縫い代、
それ以外は縫い代1cm

3. 本体を中表に合わせて脇を縫う

中表
耳
1
縫う
本体（裏）
1

〈縫い代の始末〉

1
1.5
本体（裏）
綾織テープでくるむ
縫う

4. 本体と底を中表に縫う

表底（裏）
1 縫う
本体（裏）
綾織テープ
縫う
2重ねる

5. 持ち手をつける

0.5仮止めミシン
耳
5　5
本体（表）
持ち手裏布
脇

縫い代を折る
持ち手
表布
0.7縫う
1.5
本体（表）
脇

6. マジックテープをつける

持ち手
マジックテープ
持ち手
3.5
5
マジックテープ
マジックテープ
本体（裏）

7. 袋口用巾着を作る

中表
返し縫い
返し縫い
袋口用巾着（裏）
25.5
1
25.5
②脇を縫う
①周囲をジグザグミシン

0.2縫う
袋口用巾着（裏）
返し縫い

2.5
1
0.2縫う

1.5折る
0.3縫う
袋口用巾着（表）
脇
本体（裏）

8. 中袋を作る

※本体と同様に中袋と中底を縫い、作る

0.7縫う
1.5
中袋（裏）

0.8リボン
160cm×2本
袋口用巾着（表）

マジックテープ
2.5
5　マジックテープ
中袋（裏）
マジックテープ

でき上がり図

WASH
DAY
45
38
38

17 バイアスバッグ photo p.37

材料
本体・マチ・持ち手…8号帆布白92cm×90cm
アクリル絵の具、ステンシルシート、スポンジ

でき上がり寸法
35×35×マチ12cm

作り方
1. 本体にステンシルをする。
2. 本体とマチの袋口にミシンステッチをする。
3. 本体とマチを外表に合わせて脇、底の順に縫う。
4. 持ち手2枚を重ねて周囲を縫う。2本作る。
5. 本体に持ち手をつける。
★ステンシルの型紙は79ページ

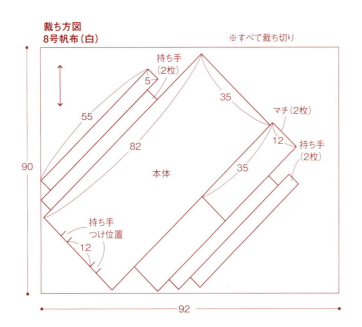

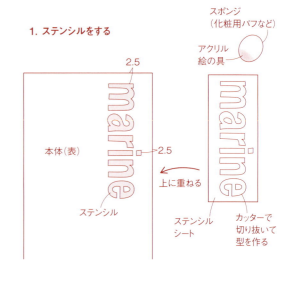

1. ステンシルをする

2. 本体とマチの袋口にミシンステッチをする

3. 本体とマチを外表に縫う

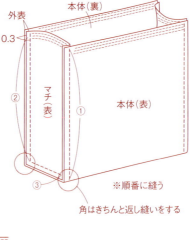

※順番に縫う
角はきちんと返し縫いをする
※底に切り込みは入れない

4. 持ち手を作る

5. 持ち手をつける

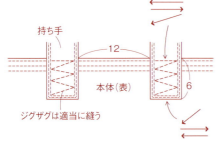

ジグザグは適当に縫う

でき上がり図

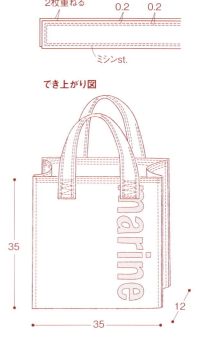

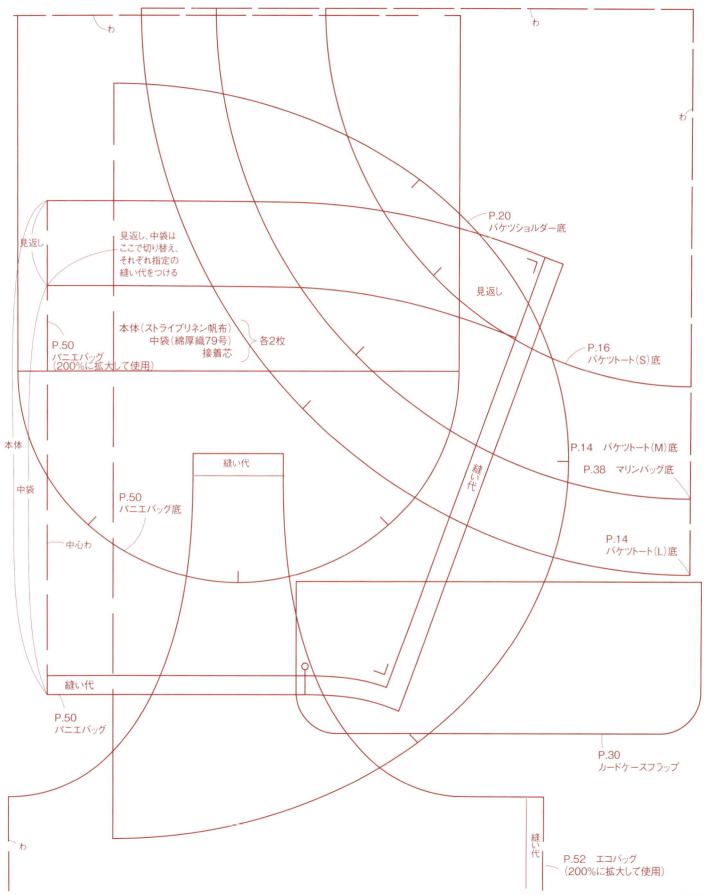

赤峰清香
SAYAKA AKAMINE

文化女子大学　服装学科卒業
アパレルなどでバッグや小物の企画、
デザインを手がけた後、フリーランスに。
書籍や雑誌への作品提供の他、ワークショップや
ヴォーグ学園東京校、横浜校にて講師として活動。
著書に「長く愛せる大人のバッグとポーチ」（日本ヴォーグ社）
「毎日使いたいバッグ＆ポーチ」（ブティック社）など。
http://www.akamine-sayaka.com/

STAFF

撮影	渡辺淑克（口絵）
	森谷則秋　森村友紀（プロセス・切り抜き）
スタイリング	赤峰清香
ブックデザイン	前原香織
作り方解説	鈴木さかえ
トレース	day studio　大樂里美　WADE
編集協力	小林安代　吉田晶子
編集担当	寺島暢子

素材協力

布の通販リデL'idée　http://lidee.net/

中商事株式会社（fabric bird）
香川県高松市福岡町2-24-1　☎087-821-1218　http://www.rakuten.ne.jp/gold/fabricbird/

大塚屋
愛知県名古屋市東区葵3-1-24　☎052-935-4531　http://otsukaya.co.jp/

オカダヤ新宿本店
東京都新宿区新宿3-23-17　☎03-3352-5411　http://www.okadaya.co.jp

（株）フジックス
京都府京都市北区平野宮本町5　☎075-463-8111　http://www.fjx.co.jp

川島商事株式会社　http://www.e-ktc.co.jp/textile/

倉敷帆布（株式会社バイストン）　https://store.kurashikihampu.co.jp/

INAZUMA　植村株式会社　http://www.inazuma.biz

小道具協力

kamilavka
http://www.furusawamasakazu.com/kamilavka/

navy-yard
神奈川県鎌倉市由比ガ浜3-1-34　http://www.navy-yard.com/

北欧雑貨　空
神奈川県川崎市多摩区三田3-1-2　西三田団地2-1号棟－203　http://hokuozakka.com

マリン フランセーズルミネ横浜店
神奈川県横浜市西区高島2-16-1 ルミネ横浜店 5F　http://press.innocent.co.jp/

増補改訂版
家庭用ミシンで作る
帆布のバッグ

発行日	2018年8月21日
著　者	赤峰清香
発行人	瀬戸信昭
編集人	今ひろ子
発行所	株式会社日本ヴォーグ社
	〒164-8705　東京都中野区弥生町5-6-11
	TEL 03-3383-0628（販売）
	03-3383-0643（編集）
出版受注センター	TEL 03-3383-0650
	FAX 03-3383-0680

振替　00170-4-9877
印刷　凸版印刷株式会社

Printed in Japan ©Sayaka Akamine　2018
ISBN978-4-529-05830-8 C5077

●本誌に掲載する著作物の複写に関わる複製、上映、譲渡、公衆送信（送信可能化を含む）の各権利は株式会社日本ヴォーグ社が管理の委託を受けています。

● JCOPY ＜（社）出版者著作権管理機構　委託出版物＞
本書の無断複写は著作権法上での例外を除き禁じられています。複写される場合は、そのつど事前に、（社）出版者著作権管理機構（電話 03-3513-6969、FAX 03-3513-6979、e-mail: info@jcopy.or.jp）の許諾を得てください。

●万一、乱丁本、落丁本がありましたら、お取替えいたします。お買い求めの書店か小社販売部へお申し出ください。

●印刷物のため、実際の色とは色調が異なる場合があります。ご了承ください。

WE ARE GRATEFUL.

あなたに感謝しております

手づくりの大好きなあなたが、この本をお選びくださいましてありがとうございます。
内容の方はいかがでしたでしょうか？
本書が少しでもお役に立てば、こんなにうれしいことはありません。
日本ヴォーグ社では、手づくりを愛する方とのおつき合いを大切にし、
ご要望におこたえする商品、サービスの実現を常に目標としています。
小社および出版物について、何かお気づきの点やご意見がございましたら、
何なりとお申し出ください。そういうあなたに、私共は常に感謝しております。

株式会社日本ヴォーグ社　社長　瀬戸信昭
FAX03-3383-0602

日本ヴォーグ社関連情報はこちら
（出版、通信販売、通信講座、スクール・レッスン）

http://www.tezukuritown.com/　手づくりタウン　検索